영어 오답의 모든것 ①

{ 낭패없는
듣기훈련 }

꿈구두

영어 오답의 모든 것 듣기편 교재 안내

영오모 듣기파일   영오모 스터디

1. 이 책의 특징

지금까지 영어 듣기 공부는 어떻게 하셨나요?

무조건 많이 들어라! 문제를 많이 풀어라! 등등 대부분 막연한 방법들이었습니다.

하지만, 이제 [영어 오답의 모든 것 듣기편]이 여러분의 답답한 마음을 해소해 줄 것입니다.

[영어 오답의 모든 것 듣기편]에서는 한국교육과정평가원의 수능 문항 출제 원리에 따라 문항 유형 분석과 유형별 문제풀이 비법을 철저히 분석하여 학생들 스스로 공부할 수 있도록 구성하였습니다.

수능의 듣기 문항은 기본적으로 12가지 유형으로 출제되고 있습니다. 본 교재에서는 그 유형들을 분석하여 가장 빠르고 효과적으로 정답을 찾을 수 있도록 새로운 접근법을 통해 '비법'을 제시하고, 놓쳐서는 안 될 중요 어휘와 표현들을 Dictation을 통해 다시 익힘으로써 **실전에서 단 한 문제도 놓치지 않고 만점을 받을 수 있도록 준비하였습니다.**

그동안 막연하기만 했던 듣기 문항을 [영어 오답의 모든 것 듣기편]의 유형별 비법에 따라 연습한다면 어떤 문제도 쉽고 정확하게 풀어낼 수 있을 것입니다.

2. 이 책의 구성 및 활용법

(1) 각 단계별 소개

(1) 유형소개와 오답피하기 비법

· 수능 및 모의고사 듣기 문항의 유형을 파악하고 각 유형별 문제의 오답을 피하면서 정답을 쉽게 찾을 수 있는 최고의 문제풀이 비법을 제시하는 단계

(2) 비법 적용하여 정답 찾기

· 오답피하기 비법들을 예제에 적용해 보는 단계

(3) 실전연습문제

· 유형별 오답피하기 비법들을 익힌 후, 최근 3개년(2018~2020)의 평가원 모의평가와 수능에 출제된 기출문제에 비법을 적용하며 문제를 풀어보는 단계
· 추가적인 고난도 문제 연습을 통해 실전 감각을 최고로 끌어올릴 수 있도록 하는 단계

(4) 핵심표현 및 핵심어휘 확인 Dictation

· 문제 해결에 결정적인 주요 표현들과 어휘들을 Dictation을 통해 한번 더 꼼꼼하게 익히고 대화 내용에 대한 이해를 높이는 단계

(2) 각 단계별 학습방법

① 날짜별 계획 세우기
· 자신만의 계획을 세워 12가지 듣기 문항 유형을 12일에 끝낼 수 있도록 구성

② 유형 소개와 오답피하기 비법
· 수능 듣기 문항 12가지 유형의 특징과 문제풀이 비법을 제시
· 문항의 선택지를 정답의 힌트로 활용하는 비법의 완결판
· 예시를 통해 비법이 적용되는 과정을 제시

③ 비법 적용하여 정답 찾기
· 예제 문제를 들으며 비법을 사용하여 문제풀기
· 대본을 보며 문제풀이를 하면서 각 유형별 오답피하기 비법을 적용해가는 과정을 학습
· 비법의 달인되기 과정

④ 실전연습문제
· 듣기 전 활동으로 문제풀이 사전준비
· 실전 문제 풀기
· 정답 및 해설을 보며 비법 적용 확인
· 고난도 문제 풀기를 통해 자신감 충만 과정

⑤ 핵심표현 및 핵심어휘 확인 Dictation
· 대화의 핵심어휘와 핵심표현을 들으며 받아쓰기 훈련을 통해 주요 표현을 익히고 대화 내용도 자세히 이해하여 듣기를 완성하는 학습
· 듣기 마스터 과정

1일차 말의 목적

1일차 학습 날짜 : _____년 ___월 ___월
학습 시간 ____:____ ~ ____:____

💡「말의 목적」유형이란?
· 대화를 듣고, 화자가 하는 말의 목적이나 의도를 파악하는 유형이다.
· 화자의 말에서 반복되고 강조되는 말을 중심으로 전체담화의 핵심과 주제를 파악해야 한다.
· 담화에서 순서대로 나열되는 정보를 정확하게 이해하도록 한다.

🔍 오답 피하기 비법!

비법 1) 우리말로 된 선택지를 먼저 읽어보고, 키워드를 통해 대화의 내용을 예측해 보기

선택지
① **거리 축제**가 연기된 이유를 **설명**하려고
② **거리 축제**에 참가할 공연자를 **모집**하려고
③ **거리 축제**를 위한 차량 통제를 **공지**하려고
④ **거리 축제** 자원봉사자의 활동 시간을 **안내**하려고
⑤ **거리 축제**에 주민 참여를 높일 방안을 **제안**하려고

거리축제	설명, 모집, 공지, 안내, 제안
비법 1) 키워드 - 대화 내용 예측	비법 1) 목적관련 어휘파악

비법 2) 첫 인사말, 신분 등의 정보를 통해 화자와 청자의 관계 파악하기
비법 3) 강조, 화자의 의도, 열거의 표현에 중점을 두고 듣기

M: <u>Shoppers</u>, may I have your attention please?
  Shoppers ▶ 비법 2) 관계 파악 - 화자 : 백화점 직원 / 청자 : 백화점 손님

Thank you for visiting <u>**Miracle Department Store.**</u>
  Miracle Department Store. ▶ 비법 2) 관계 파악- 백화점 직원

<u>**We'd like to inform you**</u> of the <u>**special events**</u> going on through this weekend.
  We'd like to inform you ▶ 비법 3) 화자의 의도   special events ▶ 비법 4) 주요 단서

<u>**First,**</u> we're offering a 50 percent discount on certain electronics and sporting goods on the seventh floor.
<u>**Second,**</u> we're providing a free beverage at our coffee shop on the first floor to shoppers who spend over $50.
<u>**Third,**</u> we're also giving away $10 gift certificates to all shoppers who spend over $100.
<u>**Last but not least,**</u> you don't have to worry about parking fees this weekend. Parking is free.
  First, Second, Third, Last but not least ▶ 비법 3) 열거 - 내용에 대한 구체적인 사례로 열거

<u>**We hope you enjoy this weekend's special events**</u> at our department store.
  We hope you enjoy this weekend's special events ▶ 비법 5) 재강조 - 특별행사 강조

---

1 다음을 듣고, 여자가 하는 말의 목적으로 가장 적절한 것을 고르시오.

2020년 9월 평가원

① 등교 시간 변경을 알리려고
② 학교 매점의 영업 재개를 안내하려고
③ 체육관 신축 공사 일정을 예고하려고
④ 교실 의자 및 책상 교체 계획을 공지하려고
⑤ 학교 급식 만족도 조사 참여를 독려하려고

◀◀◀ 해당하는 것에 V 표시 하세요.

남자의 말( ) / 여자의 말( )
① time for school
② reopen
③ new construction
④ desks and chairs
⑤ school feeding

1

Hello, students. This is your principal, Ms. Carson. I'm sure you've all been _____ the reopening of our school store. I _____ announce that after some improvements the store will finally open again tomorrow. Based on your comments and requests, we have _____ the space of the store and replaced the chairs and tables. So now, the school store has become a better place for you to relax and enjoy your snacks. The store's _____ will remain the same as before. Once again, our school store is reopening tomorrow. I hope you will all enjoy it.

Q) 수능 듣기를 잘하기 위해서 영어 드라마나 뉴스를 볼까?

A) 짧은 단위의 청크가 아닌 긴 문장으로 구성된 듣기는 너무 어려울걸?

Q) 그럼 외국인과 대화를 하면서 말하기/듣기 실력을 키워볼까?

A) 말하기/듣기에 효과적일 수 있지만 너무 오래 걸릴걸?

Q) 아~ 그럼 스크립트를 보면서 dictation을 할까?

A) 단기간에 수능 듣기 점수 올릴 방법을 내가 알려줄게!

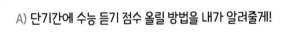

수능 듣기에는 각 유형별 비법이 있어!

일단 유형부터 소개할게!

2021학년 대학수학능력시험 영어영역 듣기 출제 유형

	듣기유형	배점
1	말의 목적	
2	남자/여자의 의견	
3	두 사람의 관계	
4	그림 내용 불일치	
5	남자/여자가 할 일	2점 15문항 =30점
6	지불할 금액	3점 2문항 =6점
7	행동의 이유	▶ **총 36점**
8	내용 불일치	⟫⟫ 절대평가기준
9	도표 일치	약 **4(개) 등급**의 배점
10	주어진 대화의 응답	
11	상황에 맞는 할 말	
12	말의 주제, 언급되지 않은 것	

수능 듣기 문제풀이 유의사항

수능 듣기문제는 1번만 들려주므로(16~17번 제외) 놓치지 않게 집중한다!

도미노 효과 방지를 위해 놓친 문제는 일단 체크하고 다음 문제에 집중한다!

듣기 중, note-taking을 통해 주요 내용을 메모한다!

영어로 된 선택지들은 틈새 시간을 활용해 미리 읽어둔다!

오답의 모든 것 듣기 편 Study Guide

1. 유형소개	수능 영어영역 듣기 문항의 각 유형에 대해 배우고 그 특징에 대해 학습하기
2. 오답 피하기 비법	오답을 피하여 정답을 찾을 수 있는 각 유형별 비법에 대해 학습하기
3. 비법 적용하여 정답 찾기	학습한 비법을 기출문제에 적용하여 정답 찾기 효과 확인하기
4. 실전 연습 문제	유형별 실전 연습 문제를 통해 학습한 비법을 적용하고 훈련하기
5. 핵심표현 및 핵심어휘 Dictation	script에 제시된 핵심표현과 핵심어휘를 dictation을 통해 점검하기

영어 오답의 모든 것 듣기편

Contents

듣기 유형별 비법 및 실전 연습

듣기 유형별 비법 및
실전 연습

영오모 듣기파일

영오모 스터디

(1) 유형소개와 오답피하기 비법

💡「말의 목적」 유형이란?

· 대화를 듣고, 화자가 하는 말의 목적이나 의도를 파악하는 유형이다.

· 화자의 말에서 반복되고 강조되는 말을 중심으로 전체담화의 핵심과 주제를 파악해야 한다.

· 담화에서 순서대로 나열되는 정보를 정확하게 이해하도록 한다.

🔎 오답 피하기 비법!

비법 1) 우리말로 된 선택지를 먼저 읽어보고, 키워드를 통해 대화의 내용을 예측해 보기

선택지

① **거리 축제**가 연기된 이유를 **설명**하려고

② **거리 축제**에 참가할 공연자를 **모집**하려고

③ **거리 축제**를 위한 차량 통제를 **공지**하려고

④ **거리 축제** 자원봉사자의 활동 시간을 **안내**하려고

⑤ **거리 축제**에 주민 참여를 높일 방안을 **제안**하려고

거리축제	설명, 모집, 공지, 안내, 제안
비법 1) 키워드 – 대화 내용 예측	비법 1) 목적관련 어휘파악

비법 2) 첫 인사말, 신분 등의 정보를 통해 화자와 청자의 관계 파악하기

비법 3) 강조, 화자의 의도, 열거의 표현에 중점을 두고 듣기

- 강조: Now, So, Recently, Actually, If ~, But
- 화자의 의도: I believe …, I am sure …, In my opinion, I'd like to…
- 열거: : First, Then, Also, Lastly

비법 4) 대화의 목적이 나타나는 주요 단서 파악하기

비법 5) 마지막에 주요내용을 재강조하므로 끝까지 듣기

(2) 비법 적용하여 정답 찾기!

[예제] 다음을 듣고, 남자가 하는 말의 목적으로 가장 적절한 것을 고르시오. `2020학년도 수능`

① **백화점** 주말 특별 행사를 **안내**하려고
② **백화점** 층별 신규 매장을 **소개**하려고
③ 주차장 이용 요금 변경을 **공지**하려고
④ 고객 만족도 조사 참여를 **요청**하려고
⑤ **백화점** 회원 가입 방법을 **설명**하려고

백화점 ▶ 비법 1) 키워드-대화내용 예측 │ 안내, 소개, 공지, 요청, 설명 ▶ 비법 1) 목적관련 어휘파악

M: **Shoppers**, may I have your attention please?

Shoppers ▶ 비법 2) 관계 파악 - 화자 : 백화점 직원 / 청자 : 백화점 손님

Thank you for visiting **Miracle Department Store.**

Miracle Department Store. ▶ 비법 2) 관계 파악- 백화점 직원

We'd like to inform you of the **special events** going on through this weekend.

We'd like to inform you ▶ 비법 3) 화자의 의도 │ special events ▶ 비법 4) 주요 단서

First, we're offering a 50 percent discount on certain electronics and sporting goods on the seventh floor.

Second, we're providing a free beverage at our coffee shop on the first floor to shoppers who spend over $50.

Third, we're also giving away $10 gift certificates to all shoppers who spend over $100.

Last but not least, you don't have to worry about parking fees this weekend. Parking is free.

First, Second, Third, Last but not least ▶ 비법 3) 열거 - 내용에 대한 구체적인 사례를 열거

We hope you enjoy this weekend's special events at our department store.

We hope you enjoy this weekend's special events ▶ 비법 5) 재강조 - 특별행사 강조

정답 ①

(3) 실전 연습 문제 정답 및 해설 p4

정답 및 해설 p4

듣기 전 활동

1 다음을 듣고, 여자가 하는 말의 목적으로 가장 적절한 것을 고르시오.

2020년 9월 평가원

① 등교 시간 변경을 알리려고
② 학교 매점의 영업 재개를 안내하려고
③ 체육관 신축 공사 일정을 예고하려고
④ 교실 의자와 책상 교체 계획을 공지하려고
⑤ 학교 급식 만족도 조사 참여를 독려하려고

◀◀● **해당하는 것에 V 표시 하세요.**

남자의 말(　) / 여자의 말(　)

① time for school
② reopen
③ new construction
④ desks and chairs
⑤ school feeding

2 다음을 듣고, 남자가 하는 말의 목적으로 가장 적절한 것을 고르시오.

2020년 6월 평가원

① 발명 대회 참가 신청 마감일 변경을 안내하려고
② 수업 과제의 온라인 제출 방법을 설명하려고
③ 학교 홈페이지 운영 도우미를 모집하려고
④ 발명 아이디어 우수 사례를 소개하려고
⑤ 발명가 초청 특별 강연을 홍보하려고

남자의 말(　) / 여자의 말(　)

① invention contest
② online submission
③ assistant
④ best practices
⑤ inventor

3 다음을 듣고, 남자가 하는 말의 목적으로 가장 적절한 것을 고르시오.

2019학년도 수능

① 경기 취소를 공지하려고
② 팬클럽 가입을 권유하려고
③ 경기장 개장을 홍보하려고
④ 웹 사이트 점검을 안내하려고
⑤ 시상식 일정 변경을 사과하려고

남자의 말(　) / 여자의 말(　)

① cancel
② encourage
③ promote
④ inform
⑤ apologize

4 다음을 듣고, 여자가 하는 말의 목적으로 가장 적절한 것을 고르시오.

2019년 9월 평가원

① 졸업식 식순을 알려주려고
② 졸업 작품 전시회를 홍보하려고
③ 사진 강좌 수강생을 모집하려고
④ 학교 도서관 이용 방법을 안내하려고
⑤ 졸업 사진 촬영 장소 변경을 공지하려고

◀◀◀ 해당하는 것에 V 표시 하세요.

남자의 말( ) / 여자의 말( )

① the order of a ceremony

② exhibition

③ photograph lecture

④ school library

⑤ graduation album

5 다음을 듣고, 남자가 하는 말의 목적으로 가장 적절한 것을 고르시오.

2019년 6월 평가원

① 회사 발전 계획을 발표하려고
② 직원 연수 일정을 안내하려고
③ 우수 직원상 신청을 권장하려고
④ 신입 사원 세미나를 공지하려고
⑤ 직장 근무 환경 개선을 촉구하려고

남자의 말( ) / 여자의 말( )

① corporate development

② employee training

③ excellent employee

④ new recruit

⑤ service environment

6 다음을 듣고, 여자가 하는 말의 목적으로 가장 적절한 것을 고르시오.

2019학년도 수능

① 스마트폰 사용 자제를 당부하려고
② 청취자의 문자 참여를 권유하려고
③ 프로그램 방송 시간 변경을 공지하려고
④ 라디오 앱의 새로운 기능을 소개하려고
⑤ 음원 불법 다운로드의 유해성을 경고하려고

남자의 말( ) / 여자의 말( )

① restrain

② participation

③ air time

④ new function

⑤ sound source

1

Hello, students. This is your principal, Ms. Carson. I'm sure you've all been _____ the reopening of our school store. I _____ announce that after some improvements the store will finally open again tomorrow. Based on your comments and requests, we have _____ the space of the store and replaced the chairs and tables. So now, the school store has become a better place for you to relax and enjoy your snacks. The store's _____ will remain the same as before. Once again, our school store is reopening tomorrow. I hope you will all enjoy it.

2

Good morning, Hotwells High School students. This is your science teacher, Mr. Moore, with an announcement about our invention _____. I know you all have creative invention ideas, and _____ see them. As you know, we were accepting applications until July 8th through the school website. However, the deadline has been changed due to website maintenance on July 7th and 8th. So, _____ you that we've moved the deadline to July 10th. Thank you for understanding, and please don't forget the changed _____. If you have questions, please visit me in my office. Thank you.

3

Attention, Whittenberg Dragons and Westbrook Whales fans. This is an announcement about today's game at Estana Stadium. Today's baseball game _____ begin in twenty minutes. But it started raining one hour ago, and has not stopped. According to the forecast, the weather will only _____. Because of this, we have decided to cancel today's game. Tickets you purchased for today's event will be _____. And information about the make-up game will be updated on our website soon. Once again, today's game has been canceled _____ heavy rain. Thank you for visiting our stadium, and we hope to see you again at our next game.

4

Good afternoon, Brook High School students. This is Ms. Kim, and I'm _____ this year's graduation album. As it was previously announced, senior students will take photos for their graduation album tomorrow. It _____ take place at Shinewood Park. However, we're expecting heavy rain tomorrow, so we've changed the _____. Students will have their class photos taken in the school _____ and individual photos in the school library. Please don't forget that the location for graduation photos has changed. Thank you for listening.

5

Good morning, Pyntech company employees. I'm Paul Larson from the Department of Human Resources. As you know, the deadline to apply for the Excellent Employee Award is next Friday. _____, only a few people have applied for the award. I'd like to encourage all of you to submit your application form for a chance to win. _____ the $300 prize, it's an opportunity for your efforts to be recognized. Application for this award is open to any employee who has shown _____ performance and has helped create a positive work environment this year. It doesn't matter whether you won previously or not. So if you think you're_____, please don't hesitate to apply for the Excellent Employee Award. Maybe you'll be the winner this year!

6

Hello, NPBC radio station listeners! I'm Jennifer Lee, the host of Monday Live. More than 100,000 listeners have installed and used our radio app on their smart phones to listen to our programs. To _____ our audience's growing needs, we've added three new functions to our app. The best function is that you can download your favorite programs. This is useful if you miss our show or want to listen to it again. Another useful function is that you can _____ bookmark your favorite stories and listen to a _____ playlist. Finally, you can to wake up to your favorite radio program. I hope these new _____ of our radio app will make your day more enjoyable.

2일차 남자/여자의 의견

(1) 유형소개와 오답피하기 비법

💡「남자/여자의 의견」 유형이란?

· 대화를 듣고, 화자의 의견을 찾는 유형이다.

· 대화 전체를 종합해서 화자의 의견을 추론해 내고, 후반부에 주요내용이 나올 수 있으니 집중하여 듣는다.

· 화자가 반복해서 강조하는 내용을 파악하는 것이 중요하다.

🔍 오답 피하기 비법!

비법 1) 발문에서 누구의 의견에 초점을 둘지 파악하고 선택지에서 반복적으로 등장하는 단어가 대화의 중심소재

선택지

① 사업가도 **예술**적 감수성을 갖추어야 한다.

② 한 분야에 집중하는 사람이 결국 성공한다.

③ **예술** 활동이 스트레스 해소에 도움이 된다.

④ 학교에서 다양한 **예술** 프로그램을 제공해야 한다.

⑤ 창의성을 키우려면 다양한 분야의 경험이 필요하다.

남자의 의견	예술
비법 1) 남자의 의견 중심	비법 1) 자주 등장하는 선택지 단어-대화의 중심소재

비법 2) 문제의 제기 및 해결에 관한 내용을 중심으로 듣고, 제안, 충고, 의견 등의 표현에 주목하기

⇒ should, had better, be good for, helpful, effeitive 등

> **ex**
> W: I think at this time she should focus on her art lessons.
> M: That can be true, but she <u>needs to have diverse experiences</u> to be more creative.

⇒ 다양한 경험이 필요하다고 충고함

비법 3) 대화 내에서 반복되는 단어나 어구를 통해 핵심을 파악하기

비법 4) 매력적인 오답에 유인되지 않도록 주의하기

> **ex**
> M: It'll be worth the time. If Kate <u>stays only in one field</u>, her ideas may be limited. She needs experiences in diverse areas.

⇒ 대화에 one field가 언급되어 있다고 해서 선택지②를 택하지 않도록 주의!

(2) 비법 적용하여 정답 찾기!

[예제] 대화를 듣고, 여자의 의견으로 가장 적절한 것을 고르시오. 2020학년도 수능

① **왼쪽** 신체의 잦은 사용은 두뇌 활동을 촉진한다.

② **수면 시간**과 심장 기능은 밀접한 관련이 있다.

③ 왼쪽으로 누워 자는 것은 건강에 도움이 된다.

④ 규칙적인 운동은 소화 불량 개선에 필수적이다.

⑤ **숙면**은 정신 **건강**을 유지하는 데 중요한 요인이다.

여자의 의견 ▶ 비법 1) 여자의 의견 중심	왼쪽, 수면시간, 숙면, 건강 ▶ 자주 등장하는 선택지 단어-대화의 주제

W: Hi, Sam. How are you?

M: Fine. How about you, Christine?

W: I feel really good.

M: Wow! **What happened to you**? **You usually say you're tired.**

W: Well, **I changed how I sleep**. I started **sleeping on my left side,** and it has improved my health.

What happened to you? ▶ 비법 2) 문제 제기	I changed how I sleep ▶ 비법 2) 문제 해결책 제시

M: Really?

W: Yeah. I've done it for a week, and my digestion has got better.

M: I didn't know how we sleep has something to do with digestion.

W: It does. **Sleeping on your left side** helps **the digestive process** because your stomach is on the left.

Sleeping on your left side ▶ 비법 3) 반복어구	the digestive process ▶ 비법 4) 매력적 오답 (④) 주의

M: I can see that. But does improving digestion make you that much healthier?

W: **Sleeping on the left side** does more than that. **I think** it's good for health because it also helps blood circulation to the heart.

Sleeping on the left side ▶ 비법 3) 반복어구	I think ▶ 비법 1) 여자의 의견 중심

M: That makes sense. I guess I should try it.

정답 ③

(3) 실전 연습 문제 정답 및 해설 p11

정답 및 해설 p11

듣기 전 활동

1 대화를 듣고, 남자의 의견으로 가장 적절한 것을 고르시오.

2020년 9월 평가원

① 등산 전에는 과식을 삼가는 것이 좋다.
② 야생동물에게 먹이를 주지 말아야 한다.
③ 야외 활동은 가족 간의 유대를 돈독히 한다.
④ 산에서 야생동물을 만났을 때는 침착해야 된다.
⑤ 반려동물을 키우는 것은 정서 안정에 도움이 된다.

◀◀● 해당하는 것에 V 표시 하세요.

남자 의견( ) / 여자 의견( )

① overeating
② feeding wildlife
③ bonding
④ wild life
⑤ support animal

2 대화를 듣고, 여자의 의견으로 가장 적절한 것을 고르시오.

2020년 6월 평가원

① 보고서 주제는 구체적이어야 한다.
② 도표 활용은 자료 제시에 효과적이다.
③ 설문 대상에 따라 질문을 달리해야 한다.
④ 설문 조사자를 위한 사전 교육이 필요하다.
⑤ 보고서 작성 시 도표 제시 순서에 유의해야 한다.

남자 의견( ) / 여자 의견( )

① specifically
② effectively
③ question
④ orientation
⑤ order of presentation

3 대화를 듣고, 여자의 의견으로 가장 적절한 것을 고르시오.

2019학년도 수능

① 실패한 실험을 분석하면 실험에 성공할 수 있다.
② 과학 수업에서는 이론과 실습이 병행되어야 한다.
③ 과학자가 되기 위해서는 인문학적 소양도 필요하다.
④ 실험일지는 실험 보고서 작성에 도움이 된다.
⑤ 실험을 할 때마다 안전 교육을 해야 한다.

남자 의견( ) / 여자 의견( )

① analyzing failure
② theory and practice
③ scientist
④ experiment
⑤ safety education

4 대화를 듣고, 남자의 의견으로 가장 적절한 것을 고르시오.

2019년 9월 평가원

① 직접 만든 생일 선물이 감동을 준다.
② 생일 파티는 간소하게 하는 것이 바람직하다.
③ 친구에게 주는 생일 선물로는 책이 유용하다.
④ 받고 싶은 생일 선물의 목록을 만드는 것이 좋다.
⑤ 생일 축하는 생일 전에 미리 하는 것이 의미가 있다.

◄◄◄ **해당하는 것에 V 표시 하세요.**

남자 의견( ) / 여자 의견( )

① birthday present
② birthday party
③ a book
④ birthday wish list
⑤ congratulation

5 대화를 듣고, 여자의 의견으로 가장 적절한 것을 고르시오.

2019년 6월 평가원

① 글씨체를 통해 사람의 성격을 파악할 수 있다.
② 컴퓨터 사용이 고객 관리에 도움이 된다.
③ 손으로 쓴 편지는 사람을 감동시킨다.
④ 신뢰 관계는 좋은 첫인상에서 비롯된다.
⑤ 글쓰기 능력은 꾸준한 노력을 통해 향상된다.

남자 의견( ) / 여자 의견( )

① writing style
② customer management
③ a hand-written letter
④ first impression
⑤ writing skills

6 대화를 듣고, 남자의 의견으로 가장 적절한 것을 고르시오.

2019학년도 수능

① 운동과 숙면은 밀접한 관계가 있다.
② 시골 생활은 건강한 삶에 도움이 된다.
③ 규칙적인 식습관은 장수의 필수 조건이다.
④ 야외 활동은 스트레스 해소에 효과적이다.
⑤ 가정의 화목은 가족 간의 대화에서 시작된다.

남자 의견( ) / 여자 의견( )

① exercise and sound sleep
② country living
③ eating habit
④ outdoor activity
⑤ conversation

1

M: Cathy, it feels so great to be out in the mountains, doesn't it?

W: Yes, Dad. Look at that tree. There's a squirrel.

M: Oh, there's also a bird on the branch.

W: I want to _____ them. Is it okay if I share my sandwich with them?

M: Hmm... I don't think feeding wildlife is a good idea.

W: _____, Dad? Isn't giving food to them helpful?

M: No. If people feed wild animals, they'll stop looking for wild

food and they could lose their survival abilities in nature.

W: I didn't know that.

M: Also, certain nutrients in human foods are harmful to some animals. This is another

reason why we shouldn't feed wild animals.

W: I guess giving food to _____ is not as helpful as I thought.

M: That's right.

W: I'll _____.

2

M: Ms. Lee._____ my sociology report?

W: Sure, Alex. You surveyed teens about their travel preferences, right?

M: Yes, I did. I've collected data, but I'm not sure how to present the numbers _____.

W: Let's see. Oh, you just listed all the numbers. Why don't you use charts or graphs, instead?

They help present data effectively.

M: Okay. What kind can I use?

W: For example, you can use pie charts or bar graphs.

M: Oh, I didn't think about that.

W: Yeah. Charts and graphs can be helpful. They can represent numbers in a simple image.

M: _____.

W: Also, they can help people see the relationship between numbers quickly.

M: So, charts and graphs can make data easy to understand.

W: Right. Using those can be effective in presenting data.

M:_____ . Thanks for your help.

3

W: Andrew, you look unhappy. What's wrong?

M: Hi, Ms. Benson. I've been trying this _____ again and again, but it's not working.

W: Why isn't it working?

M: I don't know. Maybe I don't have much talent for chemistry.

W: _____.

M: So _____?

W: I believe that the path to success is through analyzing failure.

M: Analyzing failure? What do you mean?

W: By examining what went wrong in your experiment, you can do it right.

M: Hmm. You mean that even though my experiment didn't work,

I can learn something from failure?

W: Exactly. If you _____ how and why it didn't work, you can succeed at your experiment.

M: Now I understand. I'll review my experiment. Thanks.

4

M: Hey, Jane. Your birthday is coming!

W: Yes, it's this Friday, Sam. It's going to be a fun party.

M: I'm so excited to go. Do you have a _____?

W: Do you mean a list of presents I'd like to receive for my birthday?

M: Yes. It would help me get the right gift for you.

W: I feel a little _____ making a birthday wish list.

M: But it can _____ getting presents that you don't want or need.

W: Well, I guess my friends and family would know what I like.

M: That can be a problem _____. Last year, my father gave me a book for my birthday, and then I received another copy from my grandmother.

W: That's funny. I see what you mean. I'll make a birthday wish list then.

M: Great, let me know when your wish list is ready.

5

M: What are you doing, Ms. Roberts? Are you writing a letter by hand?

W: Yes, Mr. Williams. I'm writing thank-you notes to my clients.

M: Isn't it easier to use a computer?

W: Probably, but I think people are _____ when they get a hand-written letter, instead of one that's been typed on the computer.

M: It must take a long time. And you have so many clients.

W: Well, I think _____. A hand-written letter can give an impression of being taken very special care of.

M: But I'm still not sure it's worth the extra effort.

W: Imagine getting a hand-written letter from someone.
    You'd probably be touched by their extra effort, wouldn't you?

M: You're right. I guess I would feel _____ connected with the writer.

W: That's what I mean. A hand-written letter really touches a person's heart.

M: Now _____.

6

M: Honey, I heard the Smith family moved out to the countryside. I really envy them.

W: Really? Why is that?

M: I think we can stay healthy if we live in the country.

W: Hmm, can you be more _____?

M: Here in the city the air is polluted, but it's cleaner in the country.

W: _____ because there're fewer cars.

M: Right. And it's less noisy in the country, too. We'll be less stressed.

W: I guess we could also sleep better since there isn't _____ noise at night.

M: Plus, we can even grow our own fruits and vegetables.

W: _____. We can have a healthier diet.

M: Definitely. I'm sure country living will help us enjoy a healthy life.

W: I agree.

3일차 두 사람의 관계

(1) 유형소개와 오답피하기 비법

💡「두 사람의 관계」 유형이란?

· 대화를 듣고, 두 사람의 관계를 추론하는 유형이다.

· 대화 중에 언급된 단어를 통해 두 사람의 직업, 신분을 예상한다.

· 대화의 전체적인 분위기와 대화의 상황을 통해 정답을 추론한다.

🔍 오답 피하기 비법!

비법 1) 대화의 내용에서 직업이나 신분을 나타내는 어휘를 통해 관계를 추론하기

> your song → singer, composer, lyricist(lyric writer)
>
> our magazine → reporter, editor, magazine publisher
>
> news studio → announcer, weather forecaster, reporter, PD

비법 2) 상황에 대한 질문과 직업을 암시하는 구체적인 행동을 통해 두 사람의 관계 추론하기

> ex write the article → 기사를 쓰는 사람 → 작가
>
> ex read the article → 기사를 읽는 사람 → 독자

비법 3) 부수적인 내용으로 선택지를 구성하는 경우가 많으므로 주의하기

> 〈직업에서 다루는 소재나 행동을 직업으로 오인하지 않도록 주의!〉
>
> ex 음식평론가 정답일 경우
>
> 사진을 찍는 행동 → (사진작가) 오답
>
> 요리를 하는 행동 → (요리사) 오답
>
> 글을 쓰는 행동 → (작가) 오답

(2) 비법 적용하여 정답 찾기!

[예제] 대화를 듣고, 두 사람의 관계를 가장 잘 나타낸 것을 고르시오. 2020학년도 수능

① 곤충학자 - 학생　　　② 동물 조련사 - 사진작가　　　③ 농부 - 잡지기자

④ 요리사 - 음식 평론가　　　⑤ 독자 - 소설가

M: Hello, I'm Ted Benson. You must be Ms. Brown.

W: Hi, Mr. Benson. Thank you for sparing time for **this interview.**

> this interview ▶ 비법 1) 직업/신분 어휘

　I've wanted to meet you since you won **the "Best Rice Award."**

> the "Best Rice Award. ▶ 비법 1) 직업/신분 어휘

M: I'm honored. I'm a regular **reader of your magazine.** The articles are very informative.

> reader of your magazine. ▶ 비법 1) 직업/신분 어휘

W: Thank you. Can you tell me the secret to your success?

M: **I grow rice** without using any chemicals to kill harmful insects. It's organic.

> I grow rice ▶ 비법 2) 구체적 행동→③ 정답

W: How do you do that?

M: I **put ducks into my fields**, and they eat the insects.

> put ducks into my fields ▶ 비법 2) 구체적 행동

W: So that's **how you grew the best rice** in the country. What a great idea!

> how you grew the best rice ▶ 비법 2) 행동의 반응

M: Yeah, that's the know-how I've got from **my 30 years of farming life.**

> my 30 years of farming life ▶ 비법 1) 직업/신분어휘

W: Well, it's amazing. **May I take a picture of you** in front of your rice fields **for my magazine article**?

> May I take a picture of you ▶ 비법 3) 부수적인 내용(②오답)　　for my magazine article ▶ 비법 3) 부수적인 내용(오답)

M: Go ahead.

정답 ③

듣기 전 활동

1 대화를 듣고, 두 사람의 관계를 가장 잘 나타낸 것을 고르시오.

2018년 9월 평가원

① 사진작가 – 무용가
② 사회자 – 초청 강사
③ 음악 평론가 – 작곡가
④ 조명기사 – 영화감독
⑤ 공연장 관리자 – 피아니스트

◖◗◗ 직업(신분) 관련 어휘를 미리
영어로 생각해보세요.

① photographer – dancer
② host – guest lecturer
③ music critic – composer
④ lighting technician
   – movie director
⑤ auditorium manager
   – pianist

2 대화를 듣고, 두 사람의 관계를 가장 잘 나타낸 것을 고르시오.

2018학년도 수능

① 모델 – 사진작가
② 기증자 – 박물관 직원
③ 영화 관람객 – 티켓 판매원
④ 인테리어 디자이너 – 건축가
⑤ 고객 – 가구점 직원

① model – photographer
② donator – museum staff
③ movie goer
   – box office employee
④ interior designer – architect
⑤ customer
   – furniture store employee

3 대화를 듣고, 두 사람의 관계를 가장 잘 나타낸 것을 고르시오.

2018학년도 수능

① 시민 – 경찰관
② 환자 – 간호사
③ 학생 – 소방관
④ 고객 – 차량 정비사
⑤ 학부모 – 영양사

① citizen – police officer
② patient – nurse
③ student – firefighter
④ customer – mechanic
⑤ school parent – nutritionist

4 대화를 듣고, 두 사람의 관계를 가장 잘 나타낸 것을 고르시오.

2019년 9월 평가원

① 의사 – 환자보호자
② 담임교사 – 학부모
③ 보험사 직원 – 고객
④ 축구감독 – 신문기자
⑤ 물리치료사 – 육상선수

직업(신분) 관련 어휘를 미리 영어로 생각해보세요.

① doctor – guardian
② homeroom teacher – parent
③ insurance employee
　– customer
④ football team coach
　– journalist
⑤ physical therapist – athlete

5 대화를 듣고, 두 사람의 관계를 가장 잘 나타낸 것을 고르시오.

2020년 6월 평가원

① 화가 – 기자
② 작곡가 – 가수
③ 시인 – 교사
④ 영화감독 – 배우
⑤ 무용가 – 사진작가

① artist – reporter
② composer – singer
③ poet – teacher
④ movie director – actor
⑤ dancer – photographer

6 대화를 듣고, 두 사람의 관계를 가장 잘 나타낸 것을 고르시오.

2020년 9월 평가원

① 스타일리스트 – 기상 캐스터
② 연출가 – 극작가
③ 매니저 – 뮤지컬 배우
④ 해군 장교 – 항해사
⑤ 디자이너 – 신문 기자

① stylist – weather forecaster
② director – play writer
③ manger – musical actor
④ naval officer – mate
⑤ designer – journalist

W: Mr. Brown, _____ our auditorium?

M: It's great for my first solo concert, Ms. Anderson.

W: Good. My staff and I have worked hard to make everything perfect. Is there anything to adjust?

M: Well, I'd like the piano _____ the audience. Then, it'll feel like I'm _____ them more.

W: No problem. How about the lights?

M: They're perfect, not too bright or dark.

W: Great. Anything else?

M: I played this piano before you came in. I think I need some time to _____ it before the rehearsal.

W: I understand. I've been managing this auditorium for ten years and I've seen other musicians have the same issue.

M: So, can I practice with the piano tomorrow morning?

W: Yes. I'll tell my staff to open the auditorium from 9 a.m.

M: Thank you.

2

[Cell phone rings.]

W: Hello.

M: Hello, Ms. Monroe. This is John Brown. I'm calling to invite you to a special event.

W: Oh, thank you for calling. What's the event?

M: Our museum will hold an exhibition of antique items, including the old pictures and tools you _____, under the theme Life in the 1800s.

W: That's wonderful. When is it?

M: It'll be from December 3rd to 7th. And it's all _____ generous people like you.

W: _____. I want my donation to help people learn about the past.

M: Thank you. The antique items you donated have really improved our collection.

W: I'm glad to hear that. I'm looking forward to visiting the exhibition.

M: I'll send you the invitation letter soon.

W: Great. I'll be waiting for it.

M: Again, _____ our museum, we appreciate your donation.

3

W: Mr. Thomson. Thank you for your _____. I learned a lot today.

M: Glad to hear that. Everyone should know what to do in emergencies.

W: Right. Can I ask you some questions? I'm _____ getting a job in your field after graduation.

M: Sure. Go ahead.

W: Fighting fires is your main duty. But _____?

M: One thing we do is search for and rescue people during natural disasters like floods.

W: Wonderful. I'd love to learn more.

M: Well, we provide a job experience program for high schoolers on weekday afternoons at our fire station.

W: Really? I think I have time after school. What would I do there?

M: You'll practice how to use various equipment for extinguishing fires. You can also check out the fire trucks.

W: Sounds great. _____?

M: Your teacher has some pamphlets, so you can ask her.

4

M: We're all finished, Ms. Johnson.

W: How was the _____? I'm _____ my son.

M: Don't be. I _____ this kind of knee surgery. It went very well.

W: Thank you. I'm so relieved. How long will he have to stay in the hospital?

M: I think he can return home in two weeks.

W: Can he go back to school then?

M: Yes, he can. But he should be very careful, though. He shouldn't run or play soccer for the next few months.

W: Of course. I'll _____ that.

M: And he should visit me every week for the next two months during his recovery.

W: Yes, he will. Thank you for everything.

5

[Cell phone rings.]

W: Hi, Mr. Parker.

M: Hi, Ms. Jones. I'm _____ you agreed to _____ to my literature class.

W: My pleasure. You said you have 20 students. Is there anything special you'd like me to do?

M: Well, they've read your poems in my class. Could you read some a loud and explain their meaning?

W: Sure thing. I could explain my writing process, too.

M: Great. Also, my students wrote poems. Maybe you could hear some of them.

W: _____. And I'd like to give a signed copy of my latest poetry book to each of your students.

M: Oh, thank you. That would be such a _____ gift.

W: So, when should I arrive at your high school?

M: Could you come by 3 p.m.? I'll meet you in the lobby.

W: Okay. I'll be there.

6

W: Jack, I've been waiting with these clothes for you. You're _____ in 30 minutes.

M: Sorry, Amy. It took longer than usual to _____ the weather data and write my script for the weather broadcast.

W: I was worried you might be late for the live weather report.

M: I'm ready. What am I wearing today?

W: I suggest this gray suit with a navy tie.

M: Okay. I'll go get dressed.

W: Wait. Put on these glasses, too. They'll give you a more professional look.

M: Whatever you say. I can always count on you when it comes to clothing and style.

W: _____. By the way, thanks to your weather forecast yesterday, I was prepared for the sudden showers this morning.

M: I did say there was an 80% _____ of rain in the morning.

W: Yes, you did. Now, go get changed.

4일차 그림 내용 불일치

(1) 유형소개와 오답피하기 비법

💡「그림 내용 불일치」 유형이란?

· 대화를 듣고, 그림의 내용과 일치하지 않는 내용을 파악하는 유형이다.
· 그림의 장소, 세부특징을 나타내는 표현에 집중하여 듣는다.

🔍 오답 피하기 비법!

비법 1) 대화의 순서에 따라 선택지 번호가 부여되므로, 선택지 번호 순으로 대화에 집중하여 듣기

비법 2) 그림의 모든 내용을 파악하기 보다는 선택지의 그림만 집중하여 보기

　　　－그림의 내용 일치여부를 판단하는 것이므로, 선택지의 그림이 듣기 내용과 부합하는지의 여부를 판단

비법 3) 그림에서 특정 장소의 위치를 나타내는 주요 표현(전치사)을 반드시 학습하기

위	over, above, on
아래	under, below, beneath
옆	beside, by, next to
앞	in front of
뒤	behind

비법 4) 그림에 세부적인 특징이 있을 경우, 반드시 체크하기

모양	round, circular, triangular, rectangular, heart-shaped, star-shaped 등
크기	big, large, huge, enormous, small, little, tiny, short 등
패턴	striped, checkered, flower-patterned 등
개수	one, two, three, four, single, double 등

(2) 비법 적용하여 정답 찾기!

[예제] 대화를 듣고, 그림에서 대화의 내용과 일치하지 <u>않는</u> 것을 고르시오. 2020학년도 수능

W: What are you looking at, honey?

M: Aunt Mary sent me a picture. She's already set up a room for Peter.

W: Wow! She's excited for him to stay during the winter vacation, isn't she?

M: Yes, she is. I like **the blanket with the checkered pattern on the bed.**

the blanket	with the checkered pattern	on the bed.
▶ 비법 2) 선택지어휘	▶ 비법 4) 세부특징	▶ 비법 3) 특정위치

W: I'm sure it must be very warm. Look at **the chair below the window.**

the chair ▶ 비법 2) 선택지어휘	below the window ▶ 비법 3) 특정위치

M: It looks comfortable. He could sit there and read.

W: Right. I guess that's why Aunt Mary put **the bookcase next to it.**

the bookcase ▶ 비법 2) 선택지어휘	next to it ▶ 비법 3) 특정위치

M: That makes sense. Oh, there's **a toy horse in the corner.**

a toy horse ▶ 비법 2) 선택지어휘(그림 내용 불일치)	in the corner ▶ 비법 3) 특정위치

W: It looks real. I think it's a gift for Peter.

M: Yeah, I remember she mentioned it. And do you see **the round mirror on the wall?**

the round mirror ▶ 비법 2) 선택지어휘	on the wall ▶ 비법 3) 특정위치

W: It's nice. It looks like the one Peter has here at home.

M: It does. Let's show him this picture.

정답 ④

(3) 실전 연습 문제 정답 및 해설 p27

정답 및 해설 p27

듣기 전 활동

1 대화를 듣고, 그림에서 대화의 내용과 일치하지 <u>않는</u> 것을 고르시오.

2019년 9월 평가원

◀◀◎ 그림에 해당하는 어휘을 미리 영어로 생각해 보세요.

① bird
② hat
③ book
④ dog
⑤ sandcastle

2 대화를 듣고, 그림에서 대화의 내용과 일치하지 <u>않는</u> 것을 고르시오.

2018학년도 수능

① curtain
② chair
③ vase
④ candle
⑤ mirror

3 대화를 듣고, 그림에서 대화의 내용과 일치하지 <u>않는</u> 것을 고르시오.

2020년 6월 평가원

① dog
② flowerbed
③ mug sculpture
④ basket
⑤ table

4 대화를 듣고, 그림에서 대화의 내용과 일치하지 <u>않는</u> 것을 고르시오.

2019학년도 수능

① screen
② cake
③ box
④ mat
⑤ grill

5 대화를 듣고, 그림에서 대화의 내용과 일치하지 <u>않는</u> 것을 고르시오.

2020년 9월 평가원

① drone
② bicycle
③ mat
④ cushion
⑤ canvas

6 대화를 듣고, 그림에서 대화의 내용과 일치하지 <u>않는</u> 것을 고르시오.

2019년 6월 평가원

① piano
② light
③ picture
④ table
⑤ curtain

(4) 핵심표현 및 핵심어휘 확인 Dictation 정답 및 해설 p33

1

W: Dad! Do you remember this picture?

M: Wow, it's an old photo. When was it taken? Were you thirteen?

W: _____. I love the two birds flying in the sky.

M: Yeah, it was a really beautiful day. Oh, I remember the hat you're wearing in the picture.

W: Yes, you bought it for my birthday. It was my favorite hat that summer.

M: And there's a book _____ the bag. You always brought a book wherever you went.

W: Right. Look at our dog, Sparky! He's running around the beach.

M: He's _____.

W: Oh, there's a sandcastle under the tree.

M: It's lovely. Somebody _____ making it.

W: We had so much fun. We should go back there someday.

M: That would be great.

2

M: Honey, Aunt Sophie just called me and said we can stay at her house next weekend.

W: Wonderful. I really like the family room there.

M: She said she _____ it and emailed me a photo. [Clicking sound] Here. Look.

W: Wow, the curtains on the window are pretty. I like their star pattern.

M: That's her favorite style.

W: Do you see the chair next to the sofa? It looks comfortable.

M: Maybe we should get one like that.

W: Good idea.

M: _____ the vase between the lamp and the book?

W: Oh, it's lovely. I also like the flowers in the vase.

M: Wait. I know those two candles on the fireplace. They were our gift for her birthday.

W: That's right. Hey, look at the round mirror on the wall.

M: It looks cute. I _____ to see it all _____.

3

M: Hello, Susan. How was the pet cafe you visited yesterday?

W: Hi, Sam. It was wonderful. Look at this picture I took there.

M: Okay. Oh, the dog next to the _____ looks sweet. Is it yours?

W: No. He's the cafe owner's.

M: _____ play with the dog.

W: Yeah, we should go together. Check out the flowerbed between the trees.
   Isn't it beautiful?

M: It really is. And I see many good photo spots here.

W: You know my favorite spot? It's the mug _____ that has a star pattern on it.

M: I like it. It makes the cafe unique. Hmm, what are these balls in the basket?

W: People can use them to play catch with their dogs.

M: Sounds fun. _____, there are only two tables. Don't they need more?

W: Well, they need space so pets can run around.

M: I see. It looks like a great place to visit.

4

M: Mom, I think the backyard is ready for Dad's birthday party.

W: Really? _____

M: [Pause] I hung a screen between the trees.

W: That's nice.

M: I think he'll enjoy watching our old family videos there.

W: I'm sure he will. Oh, did you buy the _____ cake on the table?

M: Yes. I got it from Dad's favorite bakery.

W: He'll love it. What are the two boxes under the chair?

M: They're gifts from Grandma and Grandpa.

W: _____ them. Hmm. I think the striped mat on the grass is too small.
   We cannot all sit there.

M: You're right. I'll bring more chairs.

W: Good idea. And you put the grill next to the garden lamp.

M: Yeah. As you know, Dad loves barbecue.

W: Right. We're almost _____ the party.

5

W: Hi, David. How was your picnic with your family on the weekend?

M: It was good. Do you want to see a picture I took?

W: Sure. [Pause] Wow, your son has grown a lot.

M: He sure has. He just _____ 11 years old.

W: Time flies. The drone on top of the box _____ his.

M: Yeah. He brings it with him everywhere.

W: I see. Oh, there are three bicycles.

M: Yes. We love riding bicycles these days.

W: That's good. I like that _____ mat.

M: That's my wife's favorite pattern. Do you recognize that heart-shaped cushion?

W: Of course. We each got that cushion from our company last year.

M: Right. My wife loves it.

W: Me, too. Oh, I guess your wife did the bird painting on the canvas.

M: Uh-huh. We all _____.

6

M: Honey, I found a restaurant for our wedding anniversary.

W: Great. Is that their website?

M: Yeah. _____ this photo.

W: Wow! There's a piano on the stage.

M: Yes. They have live performances on weekends.

W: That's wonderful. I like the star-shaped light hanging from the ceiling.

M: Yeah. It glows beautifully. What do you think of the two pictures on the wall?

W: They're nice. They add to the _____. Honey, which table should we sit at?

M: How about the round table between the _____ ones?

W: I love it. It looks pretty, and it's the perfect place to watch a performance.

M: Sure. Look! I like the striped curtains on the window.

W: Yeah, I like the striped pattern, too.

M: I'm glad you like the restaurant. I'll _____.

5일차 남자/여자가 해야 할 일

(1) 유형소개와 오답피하기 비법

「남자/여자가 해야 할 일」 유형이란?

· 대화를 듣고, 대화자 중 한 명이 해야 할 행동을 찾는 유형이다.

· 주로 대화 후반부에 어떤 일을 해야 한다는 다짐, 부탁, 수락 등으로 찾을 수 있다.

· 긴 대화 속에서 2~3가지 이상의 일이 있기 때문에 발문에서 요구하는 성별의 대답을 잘 들어야 한다.

오답 피하기 비법!

비법 1) 발문에서 남자와 여자 중, 누가 일을 해야 하는지 확인하기

– 대화를 듣고 남자/여자가 할 일로~ ▶ 대화에서 초점 대상(남자/여자) 확인하기

비법 2) 선택지를 통해 남자/여자가 구체적인 해야 할 일에 대해 미리 예측하기

– 선택지에 나오는 우리말 명사와 서술어 부분에 주목!

비법 3) 오답의 함정에 빠지게 하는 요인에 주의하기

– 초반에 제시된 소재를 정답 선택 ▶ 대화 후반부에 구체적인 내용이 뒤에 올 경우 오답!

– 상대방의 부탁만을 듣고 정답 선택 ▶ 화자가 거절할 경우 오답!

– 이미 한 일을 오해하고 정답 선택 ▶ 직접적인 부탁의 내용이 뒤에 올 경우 오답!

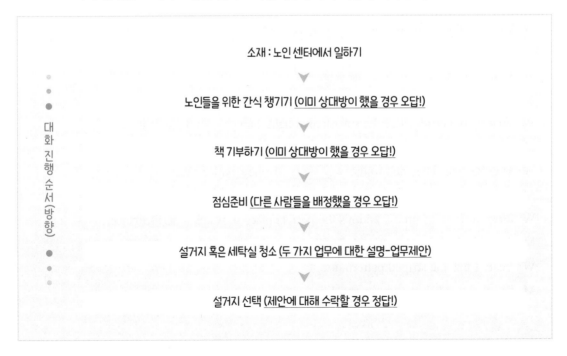

[예제] 대화를 듣고, 여자가 할 일로 가장 적절한 것을 고르시오. 2020학년도 수능

① 간식 가져오기   ② 책 기부하기   ③ 점심 준비하기   ④ 설거지하기   ⑤ 세탁실 청소하기

여자가 할 일	선택지 확인
비법 1) 초점 대상 확인 : 여자	비법 2) 선택지로 대화 내용 예측

M: Good morning, Jane.

W: Good morning, Mr. Smith.

M: Thanks for **volunteering to work at our senior citizen's center** again.

노인센터에서 일하기(소재)

W: I'm happy to help. And I **brought some snacks for the elderly.**

❯ 비법 3) 여자가 이미 한 일(① 오답)

M: How considerate of you! Last time **you donated some books.** Everyone really enjoyed reading them.

❯ 비법 3) 여자가 이미 한 일(② 오답)

W: It was my pleasure. So, what an I supposed to do today? Should I prepare lunch like I did before?

M: **There are some other volunteers** today, and **they'll do that work.**

❯ 비법 3) 점심 준비를 할 사람들은 따로 배정(③ 오답)

W: Good. Then what would you like me to do?

M: Well, **you could do the dishes or clean the laundry room.**

❯ 비법 3) 해야 할 두 가지 업무에 대한 설명(④ 또는 ⑤)

W: **I'm good at washing dishes.** So **I'll do that.**

❯ 비법 3) 둘 중 설거지를 선택(④ 정답)

M: Great. We'll have someone else clean the laundry room.

정답 ④

듣기 전 활동

1 대화를 듣고, 남자가 할 일로 가장 적절한 것을 고르시오.

2018학년도 수능

① 티셔츠 주문하기
② 호텔 예약하기
③ 로고 디자인하기
④ 출장 신청하기
⑤ 항공권 취소하기

◖◖◖ **해당하는 것에 V 표시 하세요.**

남자 할 일 ( ) / 여자 할 일 ( )

① ordering T shirts
② making a reservation
③ designing a logo
④ applying business trip
⑤ cancelling plane ticket

2 대화를 듣고, 남자가 할 일로 가장 적절한 것을 고르시오.

2019년 6월 평가원

① 행사 광고지 인쇄하기
② 행사용 선물 주문하기
③ 사인회 작가에게 연락하기
④ 할인 행사용 도서 진열하기
⑤ 회원에게 문자 메시지 보내기

남자 할 일 ( ) / 여자 할 일 ( )

① printing out brochure
② ordering a gift
③ contacting a writer
④ displaying books
⑤ sending text messages

3 대화를 듣고, 여자가 할 일로 가장 적절한 것을 고르시오.

2020년 9월 평가원

① 프로젝터와 스크린 챙기기
② 담요 가져오기
③ 영화 선택하기
④ 접이식 의자 구매하기
⑤ 짐을 차에 싣기

남자 할 일 ( ) / 여자 할 일 ( )
① packing the projector and screen
② taking blankets
③ choosing a movie
④ buying the folding chairs
⑤ putting the luggage

4 대화를 듣고, 여자가 남자를 위해 할 일로 가장 적절한 것을 고르시오.

2020년 6월 평가원

① 저작권 확인하기
② 포스터 인쇄하기
③ 프린터 구매하기
④ 파일 전송하기
⑤ 만화 그리기

듣기 전 활동

◀◀● 해당하는 것에 V 표시 하세요.

남자 할 일 (　) / 여자 할 일 (　)
① checking the copyright
② printing out a poster
③ buying a printer
④ sending files
⑤ drawing a cartoon

5 대화를 듣고, 여자가 할 일로 가장 적절한 것을 고르시오.

2019년 9월 평가원

① 블로그에 여행 계획 올리기
② 방수 재킷 구입하기
③ 샌드위치 만들기
④ 낚싯대 장만하기
⑤ 예약 확인하기

남자 할 일 (　) / 여자 할 일 (　)
① uploading travel plan
② buying waterproof jackets
③ making sandwiches
④ buying a fishing rod
⑤ confirming a reservation

6 대화를 듣고, 여자가 할 일로 가장 적절한 것을 고르시오.

2018년 9월 평가원

① 소품 구매하기
② 포스터 붙이기
③ 배우들 분장하기
④ 가을 축제 기획하기
⑤ 무대 배경 제작하기

남자 할 일 (　) / 여자 할 일 (　)
① buying props
② billposting
③ making up
④ planning a fall festival
⑤ making a stage background

(4) 핵심표현 및 핵심어휘 확인 Dictation

정답 및 해설 p40

1

W: Charlie, our department workshop in Jeju is only two weeks away.

M: That's right. _____ if everything is prepared.

W: Okay. I've already _____ the flight for everyone. Did you take care of the accommodations?

M: I did. I called several possible hotels and made a reservation at the one that gave us the best group price.

W: Excellent. Then what else do we need to do?

M: We need to figure out where to eat and also order the T-shirts with the company logo.

W: I heard there're many good places to eat in Jeju. I'll find restaurants online.

M: _____. Then I'll order the T-shirts.

W: You have everybody's sizes, right?

M: Of course. I got them the other day.

W: _____.

2

W: Mr. Johnson, _____ Children's Book Week preparation going?

M: They're going well. For the signing events, I've already _____ the author.

W: That's great. Did you finish the advertising preparations I asked for?

M: Yes. I made fliers for the events and printed them out.

W: Great. I also think sending text messages to our members will help.

M: No worries. I've done that, too.

W: Okay. Do you remember the discount event? If customers buy one book, they _____ another for 50% off.

M: Yes, I do. You said you would decide which books would be part of the event.

W: Right. Here's the list of the books. The next step is displaying them for the discount event. Would you like to do that?

M: No problem. I'll do it.

W: Thanks. Then I'll _____ some gifts for the events.

3

M: Honey, I'm so excited about going camping tomorrow.

W: Me, too. I especially like our plan of watching a movie outdoors by the campfire.

M: Absolutely! I think it's a great idea.

W: It's going to be so romantic. Did you _____ the projector and screen?

M: Of course. I've put them in the car.

W: Great. Thanks.

M: Shall we take some blankets _____ it gets cold in the evening?

W: I've already packed them in our luggage.

M: Good. Oh, we haven't decided which movie we're going to watch tomorrow. Could you pick one?

W: Sure. I'll choose a movie.

M: Thanks. Do you know where the _____ are?

W: I think I last saw them in the trunk.

M: Alright. I'll check when I'm putting the luggage in the car.

W: Great. I _____ tomorrow!

4

W: Hi, Ted. How are you doing with the poster for the Student Dance Festival?

M: Hello, Ms. Wood. Here, _____ my monitor. It's the _____ of the poster.

W: Let's see. Wow, you did a great job. It _____ you're all done.

M: Thank you, Ms. Wood.

W: Oh, I like the cartoon at the bottom. Did you draw it yourself?

M: No, I downloaded the image. I checked the _____ and it's free to use.

W: That's great. Are you ready to print the poster, then?

M: Yes, but our printer isn't working, so I can't print it now.

W: Don't worry. I can do it for you in the teachers' lounge.

M: That'd be great.

W: How many copies of the poster do you need?

M: Ten copies will be enough.

W: No problem. Just send me the file.

M: Thank you so much.

5

M: Mandy, are you ready for our fishing trip this weekend?

W: Yes, honey. I'm so excited. It's going to be my first ocean fishing experience. I've already _____ about the trip on my blog.

M: We're going to have a wonderful time. Let's _____.

W: That'll be great. Oh, I bought waterproof jackets for us.

M: Thanks. We'll need them to _____ ourselves dry.

W: Right. Is there anything else we need to prepare?

M: Hmm... We might need to bring some food for the trip.

W: Okay, I'll make some sandwiches. Do we also need to bring our own fishing rods?

M: No, we don't. The fishing tour company will provide them for us.

W: Great. Can you call to _____ our reservation?

M: I already did that an hour ago.

W: Thank you, sweetheart.

6

[Cell phone rings.]

M: Tammy, what's up?

W: Hi, Billy. How's the semester going?

M: I'm so _____ for the play.

W: That's right. You're producing a play for the autumn festival. How's it going?

M: Pretty well. The first performance is in three weeks.

W: Great. Is everything ready?

M: Not yet. We're still making the stage background. Students from the school art club are helping us.

W: I see. Anything I can help with? I can _____ posters.

M: Thank you. But we've already put them up.

W: I wish I could help with something.

M: Well, we need someone to do the make-up for the actors. Didn't you _____ that before?

W: Yes, I did. Okay, I'll do the make-up for the actors.

M: Thanks. I _____ it.

6일차 지불할 금액

(1) 유형소개와 오답피하기 비법

💡「지불할 금액」 유형이란?

· 대화를 듣고, 지불할 금액을 정확히 파악하는 유형이다.

· 대화 도중 제시되는 숫자 정보는 기억에만 의존하지 말고 문제지 여백에 기록한다.

· 언급된 모든 숫자를 지불해야 하는 것은 아니므로, 구매자가 구입하는 물품의 가격과 수량, 할인정보 등을 빠르게 기록하여 계산한다.

🔍 오답 피하기 비법!

비법 1) 대화의 모든 내용에 전부 집중하기보다는 숫자와 관련된 내용 주목하기

> ex 대화를 듣고, 여자가 지불할 금액을 고르시오.
> ▶ 구매자의 성별 확인하여, 품목별 금액에 초점!
> ▶ 숫자와 무관한 내용 = 가볍게 듣기

비법 2) 숫자관련 정보가 나올 때 마다 note-taking하기

> ex 품목별 가격이 제시될 때마다, 정리해 둘 것!
>
> 정보1)   M: 바나나 10개 구매 희망   정보2)   M: 추가로 사과 4개 구매 희망
>   W: 바나나 5개 $7 제시   W: 사과 2개 $4 제시

비법 3) 최근 트렌드인 판매 기법(할인/멤버십/쿠폰/증정품)에 유의하기

비법 4) 기록한 내용을 활용하여 지불금액(최종합계) 계산하기

> ex   M의 지불할 금액 ($7x2묶음) + ($4x2묶음) = $22

(2) 비법 적용하여 정답 찾기!

[예제] 대화를 듣고, 여자가 지불할 금액을 고르시오. 2020학년도 수능

① $72   ② $74   ③ $76   ④ $78   ⑤ $80

M: Welcome to the Science and Technology Museum. How can I help you?

> Welcome~. /How can I help you? ▶ 비법 1) 숫자와 무관한 내용은 가볍게 듣기

W: Hi. I want to buy admission tickets.

M: Okay. They're **$20 for adults** and **$10 for children.**

> $20 for adults / $10 for children ▶ 비법 2) 숫자 관련 정보 기록하기 : 가격

W: Good. **Two adult tickets** and **two child tickets,** please.

> Two adult tickets / two child tickets ▶ 비법 2) 숫자 관련 정보 기록하기 : 구매 수량

And I'm a member of the National Robot Club. **Do I get a discount?**

M: Yes. You **get 10 percent off** all of those admission tickets with your membership.

> Do I get a discount? / get 10 percent off ▶ 비법 3) 판매기법(할인/멤버쉽/쿠폰/증정품)유의

W: Excellent.

M: We also have the AI Robot program. You can play games with the robots and take pictures with them.

W: That sounds interesting. How much is it?

M: It's just **$5 per person**. But **the membership discount does not apply** to this program.

> $5 per person
> ▶ 비법 2) 숫자 관련 정보 기록하기
>
> the membership discount does not apply
> ▶ 비법 3) 판매기법(할인/멤버십/쿠폰/증정품)유의

W: Okay. I'll **take four tickets.**

M: So **two adult** and **two child admission tickets**, and **four AI Robot program tickets, right?**

> take four tickets(two adult, two child admission tickets) four AI Robot program tickets
> ▶ 비법 4) 기록한 note를 활용하여 지불금액(최종합계) 계산하기 ($20×2 + $10×2) ×0.9 + ($5×4) = $74

W: Yes. Here are my credit card and membership card.

정답 ②

(3) 실전 연습 문제 정답 및 해설 p41

듣기 중 활동

1 대화를 듣고, 남자가 지불할 금액을 고르시오.

2019학년도 수능

① $120
② $140
③ $160
④ $180
⑤ $200

◖◖◖ 숫자관련 정보 기록

총합 계산 :

2 대화를 듣고, 남자가 지불할 금액을 고르시오.

2020년 9월 평가원

① $126
② $130
③ $140
④ $144
⑤ $150

◖◖◖ 숫자관련 정보 기록

총합 계산 :

3 대화를 듣고, 여자가 지불할 금액을 고르시오.

2019년 9월 평가원

① $12
② $19
③ $21
④ $22
⑤ $24

◖◖◖ 숫자관련 정보 기록

총합 계산 :

4 대화를 듣고, 여자가 지불할 금액을 고르시오.

2020년 6월 평가

① $54
② $55
③ $60
④ $63
⑤ $70

◖◗ 숫자관련 정보 기록

총합 계산 :

5 대화를 듣고, 여자가 지불할 금액을 고르시오.

2018년 9월 평가원

① $140
② $160
③ $180
④ $240
⑤ $260

◖◗ 숫자관련 정보 기록

총합 계산 :

6 대화를 듣고, 여자가 지불할 금액을 고르시오.

2019년 6월 평가원

① $36
② $40
③ $45
④ $50
⑤ $60

◖◗ 숫자관련 정보 기록

총합 계산 :

1

W: Good afternoon. _____, sir?

M: I'm looking for inline skates for my twins.

W: I see. We have beginner skates and advanced skates. A pair of beginner skates is $60 and a pair of advanced skates is $80.

M: My boys will start learning next week.

W: Then you need the beginner skates.

M: Right. I'll buy two pairs in size 13.

W: Okay. And I think your sons also need _____.

M: They already have elbow and knee pads. So, they only need helmets. How much are helmets?

W: They originally cost $20 each. But we _____ this week.
　　So, you will _____ on each helmet.

M: That's nice. I'll buy two helmets.

W: Do you want anything else?

M: No, that's all. Here's my credit card.

2

W: Welcome to Vestian Electronics. How can I help you?

M: Hi. I need webcams for my son and daughter for their online classes.
　　_____?

W: This one is really popular among youngsters. It has a great design and picture quality.

M: That model seems good. How much is it?

W: The original price was $70, but it's _____. It's $60 now.

M: Nice! I'll take two.

W: Anything else?

M: I also need a _____ speaker.

W: I recommend this one. The sound quality is good and it's only $20.

M: Perfect. Then I'll take that _____.

W: Do you also need two of these?

M: No. Just one is enough. I already have one speaker at home.

W: Okay. Also, this week, we're having an autumn sales event. any With purchase of $100 or more, we're giving a $10 discount to customers.

M: Great! Here's my credit card.

3

M: Welcome to Julie's Cafe. What can I get for you?

W: Your coffee smells very good. Do you have any _____?

M: _____ our Julie's Coffee? It uses fresh coffee beans.

W: Sounds great. How much is it?

M: A hot coffee is three dollars and an iced one is four dollars.

W: I'll get three iced coffees _____ .

M: Sure, three iced Julie's Coffees. _____? We also have really good waffles.

W: Oh, how much are they?

M: A regular waffle is 10 dollars. But if you pay two dollars more, you can enjoy it with vanilla ice cream.

W: Well, I'm not a big fan of ice cream. Just one regular waffle.

M: All right. Then, three iced Julie's Coffees and one regular waffle to go.

W: Right. Here's my credit card.

4

M: Good afternoon.

W: Hi, welcome to the gift shop. How was the soap art _____?

M: It was amazing. I never imagined such impressive artwork made of soap.

W: Many visitors say that. And you know what? We're having a promotion this week. All items are 10% off.

M: That's great. I like this handmade soap. How much is it?

W: It's $20 for one set.

M: Good. I'll buy two sets. Oh, is this a soap flower?

W: Uh-huh. You can use it as an air freshener. The large one is $10, and the small one is $5.

M: It smells really nice. _____ three large ones, please.

W: Okay. Anything else?

M: No, thanks. _____.

W: So, _____ two sets of handmade soap, and three large soap flowers. And like I said, you get a discount.

M: Thanks. Here's my credit card.

5

M: Welcome to Lakewood Furniture Depot.

W: Hi. I'm _____ some bedroom furniture.

M: Wonderful. Everything in our bedroom section is on sale now.

W: Oh, good. How much is this rocking chair? It looks _____.

M: It was $200, but now it's only $100.

W: Alright. I'll buy one. I also need a _____ table.

M: How about this one? It has lots of storage space.

W: Great. My husband and I love reading in bed, and it would be a convenient place for our books. How much is it?

M: It's $40. But if you buy two, you'll get a 50% discount on the second one.

W: So I'd get the second one at half price?

M: Exactly.

W: Then, I'll get two.

M: Terrific. One rocking chair and two bedside tables. _____?

W: By credit card.

6

W: Hello. Welcome to Uncle John's Dairy Farm. How can I help you?

M: Hi. I'd like to buy _____ for the dairy farm.

W: Alright. It's $10 per adult and $5 per child.

M: Okay. I'll take one adult and two children's tickets, please.

W: Sure thing. And we also have a _____ experience program for children. They get to make pizza with cheese from our farm.

M: Sounds fun. How much is it? for the next few months.

W: It's originally $20 per child. But this week, you can get a 50% discount on the program.

M: Wow! That's lucky. I'll buy two.

W: I'm sure your kids will love it.

M: _____. Ah, I have a coupon for 10% off. Can I use it?

W: _____. [Typing sound] Sorry, but this coupon expired last week.

M: Too bad I'm not able to use it. I'll pay by credit card.

7일차 행동의 이유

(1) 유형소개와 오답피하기 비법

💡「행동의 이유」유형이란?

· 대화를 듣고, 상황과 관련된 이유를 파악하는 유형이다.

· 선택지를 통해 주요 소재를 예측한다.

· 대화에서 등장인물이 처해 있는 상황을 파악하도록 한다.

🔍 오답 피하기 비법!

비법 1) 발문에서 초점대상 및 구체적인 행동의 원인 확인하기

> **ex** 대화를 듣고, 남자가 극장에 갈 수 없는 이유를 고르시오.
>
> ▸ 상대가 극장에 가자고 제안하는 상황 및 초점 대상이 거절해야 하는 원인

비법 2) 선택지에서 나올 대화의 소재 예측해보기

> **ex** 시험공부를 해야 해서, 과제 준비를 해야 해서, 부모님을 도와드려야 해서
>
> ▸ 거절의 구체적인 원인들에 대한 상황 예측

비법 3) 남/녀의 질의응답을 정리하며, 남/녀 중 발문에서 초점 대상의 답변에 주목하기

> **ex** 대화 내용 중, 상대방의 질문이나 제안 뒤에 구체적인 답변이 나옴
>
> ▸ 상대방 성별이 질문을 하면, 답변하는 부분에 주목!
>
> ▸ 답변의 내용이 부정형일 경우, 해당 답변은 오답이므로 차후 최종답변 대기!

(2) 비법 적용하여 정답 찾기!

[예제] 대화를 듣고, 남자가 요리 대회 참가를 포기한 이유를 고르시오.   `2020학년도 수능`

① 다친 팔이 낫지 않아서

② 조리법을 완성하지 못해서

③ 다른 대회와 일정이 겹쳐서

④ 입학시험 공부를 해야 해서

⑤ 대회 전에 유학을 떠나야 해서

남자가 요리 대회 참가를 포기	선택지 확인
비법 1) 초점 대상 및 구체적 행동원인	비법 2) 선택지로 대화 소재 예측

W: Hi, Michael.

M: Hi, Sarah. Did you **apply for the cooking contest?**

W: I did. **I've already finished developing a recipe.**

> | apply for the cooking contest? | I've already finished developing a recipe. |
> |---|---|
> | ❯ 비법 3) 질의응답 : 남자 질문 | 여자 답변: 조리법 완성(② 오답) |

M: That's great. Actually, I gave up participating in it.

W: Why? **Is your arm still hurt?**

M: No, **it's fully healed.**

W: **Is your recipe not ready yet?**

M: **I already created a unique recipe** for the contest.

> | your arm still hurt?/Is recipe not ready yet? | fully healed/I already created a unique recipe |
> |---|---|
> | ❯ 비법 3) 질의응답 : 여자 질문 | 남자 답변 : 팔 치료 완료(① 오답) |

W: Then, **what made you give up the contest?**

M: You know **I've planned to study abroad.** The cooking school in Italy just informed me that I've been accepted. The problem is **I have to leave before the contest begins.**

> what made you give up the contest? ❯ 비법 3) 질의 응답 : 여자 질문
>
> I've planned to study abroad I have to leave before the contest begins.
> 남자 답변: 대회 전 유학(⑤ 정답) 유학을 떠나야 할 계획이 있어 요리대회 참가가 어렵다는 이유를 밝히고 있음.

W: I'm sorry you'll miss the contest. But it's good for you since you've always wanted to study in Italy.

M: I think so, too. I wish you luck in the contest.

W: Thanks. I'll do my best.

정답 ⑤

듣기 전 활동

1 대화를 듣고, 남자가 농구경기에 출전하지 <u>않는</u> 이유를 고르시오.

2018년 9월 평가원

(((해당하는 것에 V 표시 하세요.

남자이유( ) / 여자이유( )

① 해외 출장을 가야 해서
② 매출 보고서를 작성해야 해서
③ 지역 병원에서 봉사해야 해서
④ 정기 건강 검진을 받아야 해서
⑤ 아버지의 은퇴 파티에 참석해야 해서

① business trip
② report on sales
③ local hospital
④ regular mechical checkup
⑤ retirement party

2 대화를 듣고, 여자가 기숙사에서 나가려는 이유를 고르시오.

2018년 6월 평가원

남자이유( ) / 여자이유( )

① 과제에 집중할 수 없어서
② 시설이 마음에 들지 않아서
③ 조부모를 병간호하기 위해서
④ 이사 온 가족과 살기 위해서
⑤ 룸메이트와 사이가 좋지 않아서

① assignment
② facility
③ nursing
④ moving
⑤ roommate

3 대화를 듣고, 남자가 영화를 보러 갈 수 <u>없는</u> 이유를 고르시오.

2019년 9월 평가원

남자이유( ) / 여자이유( )

① 도서관에서 일을 해야 해서
② 역사 시험 준비를 해야 해서
③ 친구 생일 파티에 가야 해서
④ 야구 경기를 보러 가야 해서
⑤ 로봇 쇼에 참가해야 해서

① library
② history examination
③ friend's birthday party
④ baseball game
⑤ robot show

4 대화를 듣고, 여자가 농구 경기를 보러 가지 <u>못한</u> 이유를 고르시오.

> 2019년 6월 평가

① 야근을 해야 했기 때문에
② 티켓이 매진되었기 때문에
③ 딸을 돌보아야 했기 때문에
④ 경기 일정이 변경되었기 때문에
⑤ 갑자기 출장을 가야 했기 때문에

◖◖◖ 해당하는 것에 V 표시 하세요.

남자이유(   ) / 여자이유(   )

① night overtime

② sold out

③ taking care of

④ schedules of games

⑤ business trip

5 대화를 듣고, 여자가 송별회 장소를 변경한 이유를 고르시오.

> 2020년 9월 평가원

① 참석 인원에 변경 사항이 생겨서
② 예약한 레스토랑의 평이 안 좋아서
③ 모임 장소로 가는 교통편이 불편해서
④ 송별회 주인공이 다른 메뉴를 원해서
⑤ 해산물 알레르기가 있는 동료들이 있어서

남자이유(   ) / 여자이유(   )

① attendee

② review

③ means of transportation

④ menu

⑤ allergy

6 대화를 듣고, 동아리 봉사 활동이 연기된 이유를 고르시오.

> 2020년 6월 평가원

① 기부받은 옷 정리 시간이 더 필요해서
② 동아리 홍보 동영상을 제작해야 해서
③ 중간고사 기간이 얼마 남지 않아서
④ 동아리 정기 회의를 개최해야 해서
⑤ 기부 행사 참가자가 부족해서

남자이유(   ) / 여자이유(   )

① clothes donations

② promotional video

③ mid-term exam

④ regular club meeting

⑤ participants

1

W: Jason, I heard you play on a local amateur basketball team.

M: Yes. In fact, we're _____ Logan City this Saturday.

W: How exciting! Can I come and watch the game?

M: You could, but I'm not playing this time.

W: Why? Are you sick? I heard you _____ yesterday to go to the hospital.

M: No, I'm fine. I had a regular _____.

W: I see. Then, is it because of the sales report you were assigned last week?

M: I already finished it. Actually, I'm flying to Los Angeles tonight.

W: Los Angeles? Do you have a business trip?

M: No. I'm attending my father's _____ party. All my family will be there.

W: Okay. Then, I'll see you play some other time.

2

[Cell phone rings.]

M: Hello?

W: Hello, Joe. How's your university life?

M: It's _____, except I spend too much time doing assignments.

W: I know! I didn't think I'd have to study this much.

M: And I heard you're living in your school dorm.

W: You know what? I'm moving out of the _____.

M: Why? Do you have problems with the facilities?

W: No, I don't. The facilities are quite nice. It's something else completely.

M: Oh, are you having trouble with your roommate?

W: No. She's great. She helped me to _____ university life.

M: Then, I don't get why you _____.

W: Actually, my family recently moved near the university. So I'm going to live with them.

M: Ah, now I understand.

3

W: Hi, Matt. How was the history exam?

M: It was okay. But I'm glad it's _____.

W: Yeah. Let's do something fun. I heard there's a new movie out. It's about a friendly robot.

M: Oh, you mean, My A.I. Neighbor? I've heard of it.

W: Yes. Do you want to see that movie tonight with me?

M: Well, _____ go.

W: Why not?

M: I have to work in the school library tonight.

W: I thought you were not supposed to work in the library today.

M: I wasn't. But my _____ is attending her grandmother's birthday party tonight, so I've changed my _____ for her.

W: I see. Maybe next time.

M: Well, I do have tickets for a baseball game this Saturday. Do you want to go together?

W: That would be wonderful.

4

M: Hi, Charlotte. How was the basketball game last night?

W: Well, unfortunately, I couldn't go.

M: Oh, no! What happened? Were the tickets sold out?

W: No, I bought a ticket _____.

M: I'm not _____. I know they're your _____ team.

W: Yeah. I even changed my work schedule to go to the game.

M: But you couldn't go. Why not?

W: Well, I had to take care of my daughter _____.

M: Doesn't your husband usually watch her on weekdays?

W: He does. But suddenly he had to go on a business trip yesterday, so I had to take care of her.

M: That's too bad. Well, there's always next time.

5

M: Hey, Laura. _____?

W: You know we're having a _____ for our boss, Miranda, next Friday, right?

M: Yes. The party is at 7 p.m. at the seafood restaurant downtown, isn't it?

W: That was the original plan. But I changed the place.

M: Oh, really? Didn't you say that restaurant is known for their great service and _____ price?

W: Yeah. _____ I booked a table there. But I changed the place to the Italian restaurant near the seafood restaurant.

M: I guess you did that because Miranda loves Italian food.

W: She does, but she also really likes seafood.

M: Then, why did you change the place?

W: I found out that some of our coworkers have seafood allergies.

M: Oh, that's why. By the way, Janet from the sales department said she wanted to come.

W: Great! I'm sure Miranda will be happy to see her.

6

W: Hi, John. We just finished the volunteer club meeting.

M: Hi, Alice. Sorry, I'm late. Did I miss anything important?

W: Well, we _____ our volunteer work at the _____ until next week.

M: Why? Is _____ midterm exams are coming up?

W: No. That's not a problem. All of our members still want to participate.

M: Then, why did we postpone?

W: You know we posted a video online about our club last week, right?

M: Sure. I helped make the video. It was a big hit.

W: Well, since then, we've received more clothes donations than ever.

M: Oh, that's great news. But it _____ a lot of work.

W: Yes. We need more time to organize the clothes by size and season. That's why we postponed.

M: I get it. When will we start?

W: We're going to start organizing them tomorrow morning.

M: Okay. I'll see you then.

8일차 내용 불일치

(1) 유형소개와 오답피하기 비법

💡 「내용 불일치」 유형이란?

· 담화에서 언급되지 않은 정보의 여부를 파악하는 유형이다.

· 담화 내용의 순서에 따라 선택지가 구성된다.

· 선택지의 내용과 일치여부를 하나씩 확인하며 문제를 풀도록 한다.

🔍 오답 피하기 비법!

비법 1) 듣기전에 우리말 선택지를 영어로 간단히 적어보며 담화 내용 미리 예측하기

> (ex) 숫자, 인명, 지명, 구체적인(특정한) 내용을 가리키는 명사 찾아 영어로!
>
> ④ 그 남자는 1941년에 런던으로 갔다.
>
> → '1941, 'London' 로 적어두기

비법 2) 듣기를 하면서 언급된 내용은 선택지에서 하나씩 소거하기

> (ex) 대화 내용에서 He went to London to study English in 1941.
>
> → 1941, London → 일치하면 정답이 아니므로 소거!

비법 3) 선택지와 무관한 내용일 경우, 가볍게 듣기

> ▶ 선택지의 내용에 대한 불일치 여부를 판단하는 문제이므로 무관한 내용은 가볍게 듣기

[예제] Green Ocean 영화 시사회에 관한 다음 내용을 듣고, 일치하지 않는 것을 고르시오. 2020학년도 수능

① **100명**을 초대할 예정이다.

② 다음 주 토요일 **오후 4시**에 시작할 것이다.

③ **영화 출연 배우**와 **사진**을 찍을 수 있다.

④ **입장권**을 **우편**으로 보낼 예정이다.

⑤ 초대받은 사람은 **극장**에서 **포스터**를 받을 것이다.

① a hundred people

② 4 p.m.

③ actors, pictures

④ admission tickets, mail

⑤ theater, poster

선택지 확인
비법 1) 선택지 주요내용 영어로 적어두기

W: Hello, listeners. Welcome to Good Day Movie. We'd like to let you know about a great chance to see the preview of the movie Green Ocean by Feather Pictures.

> 비법 3) 선택지와 무관한 내용, 가볍게 듣기

A hundred people will be invited to the event.

> 비법 2) 선택지①과 연관된 정보: 일치 확인 → ① 소거

It'll begin at the Glory Theater **at 4 p.m**. next Saturday.

> 비법 2) 선택지②와 연관된 정보: 일치 확인 → ② 소거

After watching the movie, you can meet and **take pictures with the actors** of the movie.

> 비법 2) 선택지③과 연관된 정보: 일치 확인 → ③ 소거

If you're interested, apply for **admission tickets** on the Green Ocean homepage, and the tickets will be sent **by text message** to the first 100 people who apply.

> 비법 2) 선택지④와 연관된 정보: 불일치 → text message≠우편 (④ 정답)

Those who **are invited** will be **given a poster at the theater.**

> 비법 2) 선택지⑤와 연관된 정보: 일치 확인 → ⑤ 소거

Hurry up and don't miss this chance to watch Green Ocean in advance. Now we'll be back after the commercial break. So stay tuned.

> 비법 3) 선택지와 무관한 내용, 가볍게 듣기

정답 ④

1 Megan's Bites에 관한 다음 내용을 듣고, 일치하지 <u>않는</u> 것을 고르시오.

2018년 9월 평가원

선택지의 Key word를 영어로 써보세요.

① 수제 과자로 유명하다.

①

② 주인의 할머니가 만든 조리법을 사용한다.

②

③ 겉은 바삭하고 속은 부드러운 과자를 만든다.

③

④ 2017년에 Dessert Magazine에 의해 최고의 과자가게로 선정됐다.

④

⑤ 다음 달에 New York에 2호점을 열 예정이다.

⑤

2 2018 Youth History Tour에 관한 다음 내용을 듣고, 일치하지 <u>않는</u> 것을 고르시오.

2018년 6월 평가원

① 역사에 대한 학생들의 관심 증진이 목적이다.

①

② 7월 25일부터 7월 31일까지 진행된다.

②

③ 다섯 개의 도시를 방문할 예정이다.

③

④ 역사가가 안내할 것이다.

④

⑤ 여행자 보험료가 참가비에 포함되어 있다.

⑤

3 The International Air Show에 관한 다음 내용을 듣고, 일치하지 <u>않는</u> 것을 고르시오.

2019년 9월 평가원

① 10개국이 참가할 것이다.

①

② 비행 공연 전에 사인 행사가 있을 것이다.

②

③ 방문객은 전시된 비행기 안에 들어갈 수 있다.

③

④ 8세 이하 어린이는 무료로 입장한다.

④

⑤ 무료 셔틀버스를 운행할 것이다.

⑤

4 Sunstone City Library에 관한 다음 내용을 듣고, 일치하지 않는 것을 고르시오.   2019년 6월 평가

① 8월 5일에 개관한다.

② Kingsbury Museum을 설계한 건축가가 설계했다.

③ 가상현실 기기를 무료로 사용할 수 있다.

④ Sunstone City에서 가장 많은 도서를 보유하고 있다.

⑤ 개관일에 방문객에게 선물을 줄 예정이다.

①
②
③
④
⑤

5 Bluemont Salt Mine의 특별 행사에 관한 다음 내용을 듣고, 일치하지 않는 것을 고르시오.   2020년 9월 평가원

① 10월 10일부터 10월 16일까지 진행된다.

② 가장 깊은 구역에 입장이 허용된다.

③ 사진 촬영이 가능하다.

④ 입장료는 무료이다.

⑤ 방문객들에게 선물을 준다.

①
②
③
④
⑤

6 Kaufman Special Exhibition에 관한 다음 내용을 듣고, 일치하지 않는 것을 고르시오.   2020년 6월 평가원

① 1995년에 처음 개최되었다.

② 월요일에는 열리지 않는다.

③ 올해의 주제는 예술과 기술의 결합이다.

④ 일일 관람객 수를 100명으로 제한한다.

⑤ 예매를 통해 할인을 받을 수 있다.

①
②
③
④
⑤

1

M: _____ always eating the same cookies from the supermarket? Then, _____ visit Megan's Bites, a store famous for their _____ cookies. They use a recipe that the owner's grandmother created. Thanks to this recipe, Megan's Bites makes cookies which are _____ on the outside and soft on the inside. They're so delicious that you won't be able to stop eating them. In fact, Megan's Bites was selected as the best cookie store by Dessert Magazine in 2017. Their first store is located in Boston. But their cookies are so popular that last month they opened their second store, which is in New York. Why don't you go and try their cookies yourself? You won't regret it.

2

W: Good morning, students. This is your history teacher, Ms. Spencer. I have an announcement on the 2018 Youth History Tour. This tour _____ promote students' interest in history. It's a one-week tour which goes _____. During this period, the students who join this tour will visit five cities and explore their various historic sites. A historian will guide the tour and offer _____ explanations of each location. The participation fee is $170, but traveler's _____ isn't included. You'll need to buy it yourself. I hope that many students will join the tour and have a memorable experience. Please visit my office by this Friday for more information. Thank you.

3

M: Hello, listeners! The International Air Show is coming back to our town. This year, 10 countries will participate in the show, bringing over 100 aircraft in total. It'll _____ at the Air Force Museum on November 23rd and 24th. Participating airplanes will fly in fantastic formations and show thrilling performances. After the flying performances, there will be an _____. Retired _____ pilots will be there to meet their fans and sign autographs. _____, visitors can get in the planes that are on display. Enjoy all this for just 20 dollars. Children ages eight and under get free admission. Parking spaces are limited. However, free shuttle buses will operate from Central Station to the museum. Come and enjoy the show!

4

W: Hello, Beautiful Moment listeners. I'm Sarah Cliff. I have great news. The Sunstone C ity Library opens on August 5. Persons gain valuable work experience and, in addition, employers can afford to employ them. I know many of you are excited about this. The library was designed by famous architect Samuel Lewis, who's _____ having designed the Kingsbury Museum. This library offers _____ virtual reality experiences in its science section. The virtual reality devices can be used for free. What this library is most _____ is its book collection.It has the second largest collection of books in Sunstone City. There's another thing you should know. On the opening day, the library will give visitors a gift. Why don't you visit the library for a wonderful experience? I'll be back after a _____. Stay tuned!

5

M: Hello, listeners. I'm Bernard Reed from Bluemont Salt Mine. I'm _____ announce that we're having a special event from October 10th to October 16th. It's to _____ the 500th anniversary of the salt mine's opening. During this event, visitors will be allowed to enter the deepest part of our mine. Also, you'll have the chance to dress up in our traditional miner's clothes. _____ take pictures to remember your visit. But that's not all. There will be a 50% discount on the _____ for all visitors. Last but not least, we're giving away a gift to all visitors. It's a badge with the Bluemont logo on it. For more information, please visit our website.

6

W: Hi, DSNB listeners! This is Olivia Wilson with One Minute Culture News. _____ introduce the upcoming Kaufman Special Exhibition. This event was first held in 1995 and continues to be loved by the _____. Starting August 1st, the exhibition is open for a month, every day except Mondays. You can experience the exhibition in the West Hall of Timothy Kaufman Gallery. This year's theme is the _____ of art and technology. You can see unique artwork created with the help of modern technology. _____ daily visitors is limited to 300 to avoid crowding. You can buy tickets on site, but booking in advance gets you a 20% discount. To learn more, please visit their website. Next is weather with Sean. Stay tuned.

9일차 도표일치

(1) 유형소개와 오답피하기 비법

💡「도표일치」유형이란?

· 대화를 들으면서 대화자들이 구입하거나 예약할 대상을 도표에서 선택하는 유형이다.

· 필요 정보를 중심으로 들으며, 도표의 내용과 일치하지 않는 선택지를 소거하면서 듣는다.

· 세부적인 단어의 의미에 집중하기보다는 선택의 대상에 초점을 맞추어 내용을 파악한다.

🔍 오답 피하기 비법!

비법 1) 도표에서 가로축과 세로축의 단어들을 읽고 상품의 구체적 품명이나 명칭보다는 조건의 개수나
내용에 중심을 두고 파악하기

비법 2) 대화는 도표의 가로축이나 세로축의 순서대로 진행되므로, 일치하지 않는 선택지는 소거해나가기

> **ex** W: Hmm.... Some have an LCD and some don't. Which do you recommend?
> M: The ones with an LCD are more popular. The display shows time, weather, and
> your personal schedule.
>
> ⇒ 선택지에서 LCD가 없는 것은 소거!

비법 3) 동의, 비동의 표현에 주의해서 듣기

> **동의** You're right. / Sound good. / Okay. Let's buy it. / Absolutely.
>
> **비동의** I don't think so. / I don't want to. / (strong) No way. / I'm afraid I disagree.

[예제] 다음 표를 보면서 대화를 듣고, 두 사람이 예약할 항공편을 고르시오. `2020학년도 수능`

Flight Schedule to New York City Area

	Flight	Ticket Price	Departure Time	Arrival Airport	Stops
①	A	$600	6:00 a.m.	JFK	I stop
②	B	$625	10:00 a.m.	Newark	Nonstop
③	C	$700	11:30 a.m.	JFK	I stop
④	D	$785	2:30 p.m.	JFK	Nonstop
⑤	E	$810	6:30 p.m.	Newark	I stop

M: Ms. Roberts, we're going on a business trip to New York City next week. Why don't we book the flight on this website?

W: Okay, Mr. White. Let's take a look at the flight schedule.

M: Sure. **How much** can we spend on the flight?

W: Our company policy **doesn't allow us to spend more than $800** per ticket.

How much ▶ 비법 1) 가로축 확인   doesn't allow us to spend more than $800 ▶ 비법 2) $800 이상 (선택지 ⑤) 소거

M: I see. And what about **the departure time**? I have to take my daughter to daycare early in the morning that day.

W: Then how about choosing **a flight after 9 a.m.**?

the departure time ▶ 비법 1) 가로축 확인   a flight after 9 a.m ▶ 비법 2) 9시 이전 (선택지 ①) 소거

M: That'll be great. **Which airport** should we arrive at?

W: **JFK** is closer to the company we're visiting.

Which airport ▶ 비법 1) 가로축 확인   JFK ▶ 비법 2) Newark (선택지 ②) 소거

M: Oh, you're right. Let's go there.

W: Then we have two options left, nonstop or one stop.

M: **I don't want to** spend hours waiting for a connecting flight.

W: **Me, neither.** We **should choose the nonstop flight.**

I don't want to, Me, neither. ▶ 비법 3) 비동의 표현   should choose the nonstop flight. ▶ 비법 2) 1 stop (선택지 ③) 소거

M: Okay. Let's book the flight now.

정답 ④

듣기 중 활동

1 다음 표를 보면서 대화를 듣고, 두 사람이 주문할 크레용 세트를 고르시오.

2020년 9월 평가원

대화의 내용과 불일치하는
선택지에 X 표시하여 소거하세요.

CrayonSets

	Set	Number of Crayons	Price	Washable	Free Gift		
①	A	24	$9	X	coloring book	① ( )
②	B	24	$11	○	sharpener	② ( )
③	C	36	$15	X	sharpener	③ ( )
④	D	36	$17	○	coloring book	④ ( )
⑤	E	48	$21	○	coloring book	⑤ ( )

2 다음 표를 보면서 대화를 듣고, 여자가 등록할 강좌를 고르시오.

2020년 6월 평가원

Community CenterClasses in July

	Class	Fee	Location	Start Time		
①	Graphic Design	$50	Greenville	5 p.m.	① ( )
②	Coding	$70	Greenville	7 p.m.	② ( )
③	Photography	$80	Westside	7 p.m.	③ ( )
④	Flower Art	$90	Westside	5 p.m.	④ ( )
⑤	Coffee Brewing	$110	Greenville	8 p.m.	⑤ ( )

3 다음 표를 보면서 대화를 듣고, 여자가 구매할 도마를 고르시오.

2020학년도 수능

Cutting Coards at camilo's Kitchen

	Model	Material	Price	Handle	Size		
①	A	plastic	$25	X	medium	① ( )
②	B	maple	$35	○	small	② ( )
③	C	maple	$40	X	large	③ ( )
④	D	walnut	$45	○	medium	④ ( )
⑤	E	walnut	$55	○	large	⑤ ( )

4 다음 표를 보면서 대화를 듣고, 여자가 구입할 스피커를 고르시오.

2019년 9월 평가원

◀◀◀ 대화의 내용과 불일치하는 선택지에 X 표시하여 소거하세요.

Portable Speakers

	Model	Price	Weight	Battery Life	Design
①	A	$30	0.7 kg	6 hours	Fabric
②	B	$40	0.5 kg	10 hours	Fabric
③	C	$50	0.8 kg	9 hours	Aluminum
④	D	$55	1.4 kg	10 hours	Fabric
⑤	E	$65	1.2 kg	12 hours	Aluminum

① (　)
② (　)
③ (　)
④ (　)
⑤ (　)

5 다음 표를 보면서 대화를 듣고, 두 사람이 주문할 그림 액자를 고르시오.

2019년 6월 평가원

Picture Frames

	Model	Price	Material	Color	Free Gift
①	A	$30	Paper	Gold	Picture Key Ring
②	B	$33	Ceramic	White	Picture Key Ring
③	C	$42	Aluminum	Silver	Picture Magnet
④	D	$35	Bamboo	Brown	Picture Magnet
⑤	E	$28	Plastic	Blue	Picture Key Ring

① (　)
② (　)
③ (　)
④ (　)
⑤ (　)

6 다음 표를 보면서 대화를 듣고, 여자가 구매할 재킷을 고르시오.

2020학년도 수능

Blackhills Hiking Jackets

	Model	Price	Pockets	Waterproof	Color
①	A	$40	3	×	brown
②	B	$55	4	○	blue
③	C	$65	5	○	yellow
④	D	$70	6	×	gray
⑤	E	$85	6	○	black

① (　)
② (　)
③ (　)
④ (　)
⑤ (　)

(4) 핵심표현 및 핵심어휘 확인 Dictation

정답 및 해설 p69

1

W: Honey, what should we get for our granddaughter, Emily, for her birthday?

M: Well, I've been looking up crayon sets on the Internet. Do you want to see?

W: Sure. [Pause] How many crayons do you think are enough?

M: I think 48 crayons are too many for a six year old.

W: I agree. But I also want to spend more than $ 10 on our granddaughter's present.

M: Definitely. Do you think she needs _____ ones?

W: Yes. That way Emily can wash off crayon marks if she gets them on her hands.

M: I see. Look. Each set comes with a _____.

W: Oh, that's right. _____ for her, a sharpener or a coloring book?

M: I think the coloring book is better because she likes to collect all kinds of coloring books.

W: Right. I really think she's going to love our present.

M: Then, _____. Let's order this one.

2

M: Hi, can I help you?

W: Hi. I'd like to see which classes your community center is offering in July.

M: Here. Take a look at this _____.

W: Hmm.. I'm interested in all five classes, but I shouldn't take this one. I'm _____ certain flowers.

M: Oh, that's too bad. Well, now you've got four options.

W: I see there's a wide range of fees. I don't want to spend more than $100, though.

M: All right. And how about the location? Do you care which location you go to?

W: Yeah. Greenville is closer to my home, so _____ my class to be there.

M: Okay. What time is good for you?

W: Well, I'm busy until 6 p.m., so I'll take a class after that.

M: I see. There's just one left then. It's a really popular class.

W: Great. _____.

3

M: Welcome to Camilo's Kitchen.

W: Hello. I'm looking for a _____.

M: Let me show you our five top-selling models, all at _____ prices. Do you have a preference for any material? We have plastic, maple, and walnut cutting boards.

W: I don't want the plastic one because I think plastic isn't environmentally friendly.

M: I see. What's your budget range?

W: No more than $50.

M: Okay. _____ one with or without a handle?

W: I think a cutting board with a handle is easier to use. So I'll take one with a _____.

M: Then, which size do you want? You have two models left.

W: Hmm. A small-sized cutting board isn't convenient when I cut vegetables. I'll buy the other model.

M: Great. Then this is the cutting board for you.

4

W: Justin, I'm thinking of buying one of these _____ speakers. Can you help me choose one?

M: Sure. There are five products to select from. How much can you spend?

W: My maximum _____ is 60 dollars.

M: I see. Where are you going to use the speaker?

W: Mostly at home. It should weigh _____ one kilogram though.

M: Right. If it's light, you can use it wherever you want at home. How about the battery life?

W: It needs to last longer than eight hours.

M: Okay. How about the design? _____ you get one with fabric. It'll create a warmer atmosphere in your house.

W: Good idea. A fabric one will be a good match with my bedroom.

M: Then, this is the best speaker for you.

W: It is. I'll buy it now.

5

M: Honey, I'm looking online for a picture frame for the painting we bought recently. _____ choose one together?

W: Sure. Let me see. How much should we spend?

M: I don't want to spend more than $40. I think a picture frame over that price is too expensive.

W: I see. Then let's go for a model under $40. Next, which material do you want?

M: I don't like plastic. What do you think?

W: Me, neither. It's not _____.

M: Okay. Let's choose from the non-plastic models. Now what about the color?

W: Well, not white. White wouldn't _____ the painting well.

M: You're right. Plus, white gets dirty too easily.

W: Then we have two options left. Oh, they both come with a free gift. Which do you prefer, the picture key ring or the picture magnet?

M: Well, why don't we take the picture magnet?

W: Alright. It would be a great _____ for our refrigerator.

M: Okay. Let's order this model.

6

M: Alice, Blackhills Hiking Jackets is having a big sale this weekend.

W: Nice. I need a jacket for the hiking trip next week, Jason.

M: Here. Have a look at their online catalog.

W: Wow! They all look nice. But I don't want to spend more than $80.

M: Then you should choose from these four. How many pockets do you want?

W: _____. Three pockets are not enough.

M: Does it need to be _____?

W: Of course. It's really important because it often rains in the mountains.

M: Then there're two _____ left.

W: I like this yellow one.

M: It looks nice, but yellow can _____ easily.

W: That's true. Then I'll buy the other one.

M: I think that's a good choice.

10일차 주어진 대화의 응답

(1) 유형소개와 오답피하기 비법

💡「주어진 대화의 응답」유형이란?

· 대화를 듣고, 마지막 말에 대한 응답을 고르는 유형이다.
· 대화의 흐름파악에 유의하면서 마지막 말은 반드시 집중해야 한다.
· 세부적인 내용에 집중하기보다는 대화의 흐름을 통해 전체 내용을 파악하는 것이 중요하다.

🔍 오답 피하기 비법!

비법 1) 주제와 관련된 단어들을 위주로 들으면서 내용 파악하기

> ⓔⓧ water, humidity, plant 등 주제와 관련성 있는 단어들을 중심으로 듣기

비법 2) 대화자들의 관계, 대화 상황 파악하기

> ⓔⓧ 관계 : 조언을 구하고 답하는 관계 ∣ 상황 : 물주기에 관한 조언을 구함

비법 3) 발문에서 마지막 말이 남자 or 여자에서 끝나는지 파악하여 집중하기

남자의 마지막 말에 대한 여자의 응답일 경우	여자의 마지막 말에 대한 남자의 응답일 경우
남자의 마지막 말에서 듣기 종료!	여자의 마지막 말에서 듣기 종료!
선택지에서 여자의 응답을 선택	선택지에서 남자의 응답을 선택
대화 중반부터 남자가 말할 때 집중	대화 중반부터 여자가 말할 때 집중

(2) 비법 적용하여 정답 찾기!

[예제] 대화를 듣고, 여자의 마지막 말에 대한 남자의 응답으로 가장 적절한 것을 고르시오. 2020학년도 수능

① Unbelievable. I'm really going to be on **stage** today.

② Absolutely. I'm so eager to see him **sing** in person.

③ Not really. He wasn't as amazing as I expected.

④ Sure. I'll find someone else to **perform** instead.

⑤ Oh, no. You shouldn't have missed his **performance.**

stage, sing, perform, performance ▶ 선택지에서 핵심단어 확인

W: David, look at this advertisement! **Jason Stevens** is going to **sing** at the opening of City **Concert Hall next Saturday.**

Jason Stevens, sing, Concert Hall next Saturday
▶ 비법 1) 주제 관련 단어듣기 ▶ 비법 2) 상황파악(콘서트 개최예정)

M: Wow! You know I'm a big fan of him, **Mom**. Luckily, I don't have anything scheduled that day.
▶ 비법 2) 관계파악(엄마와 아들)

W: Great. Mark the date on your calendar, so **you don't miss his performance.**

you don't miss his performance. ▶ 비법 3) 여자의 마지막 말 집중 - 콘서트 참가 확인

정답 ②

(3) 실전 연습 문제 정답 및 해설 p70

듣기 전 활동

1 대화를 듣고, 여자의 마지막 말에 대한 남자의 응답으로 가장
   적절한 것을 고르시오.   2020학년도 수능

◖◖◗ 해당하는 것에 V 표시 하고,
선택지의 Key word를 써보세요.

Man: _____

남자의 말( ) / 여자의 말( )

① It's worthwhile to spend money on my suit.

①

② It would be awesome to borrow your brother's.

②

③ Your brother will have a fun time at the festival.

③

④ I'm looking forward to seeing you in a new suit.

④

⑤ You're going to build a great reputation as an MC.

⑤

2 대화를 듣고, 남자의 마지막 말에 대한 여자의 응답으로 가장
   적절한 것을 고르시오.   2020학년도 수능

Woman: _____

남자의 말( ) / 여자의 말( )

① Definitely! This book isn't as interesting as yours.

①

② Terrific! I'll check right away if there are any nearby.

②

③ Never mind. I won't take that course next semester.

③

④ Really? I didn't know you have a degree in philosophy.

④

⑤ Why not? You can join my philosophy discussion group.

⑤

3 대화를 듣고, 남자의 마지막 말에 대한 여자의 응답으로 가장
   적절한 것을 고르시오.   2020년 9월 평가원

Woman: _____

남자의 말( ) / 여자의 말( )

① I'll give it a try. What time shall we meet?

①

② Not yet. We need to wait for the food to be ready.

②

③ I don't know. Do you want me to send the recipe?

③

④ Absolutely. I'll stress the importance of education.

④

⑤ Cheer up. We can relax after our homework is done.

⑤

4 대화를 듣고, 여자의 마지막 말에 대한 남자의 응답으로 가장
  적절한 것을 고르시오. 2020년 9월 평가원

Man: _____

① Not now. It'll be easier to park there late at night.

② Sounds good. I'm glad to hear that you'll arrive soon.

③ Sure. I'll check the app for a spot and make a reservation.

④ One moment. The kids should be back from the museum.

⑤ No problem. I'll remove the app for the children's safety.

남자의 말( ) / 여자의 말( )
①
②
③
④
⑤

5 대화를 듣고, 남자의 마지막 말에 대한 여자의 응답으로 가장
  적절한 것을 고르시오. 2020년 6월 평가원

Woman: _____

① Absolutely. I was impressed after reading this script.

② No doubt. I think I acted well in the last comedy.

③ Great. I'll write the script for your new drama.

④ I'm sorry. I'm not able to direct the movie.

⑤ Okay. I'll let you know my decision soon.

남자의 말( ) / 여자의 말( )
①
②
③
④
⑤

6 대화를 듣고, 여자의 마지막 말에 대한 남자의 응답으로 가장
  적절한 것을 고르시오. 2020년 6월 평가원

Man: _____

① That's okay. You can reserve another place.

② I see. I should hurry to join your company event.

③ Why not? My company has its own sports facilities.

④ I agree. We should wait until the remodeling is done.

⑤ Thanks. I'll call now to see if they're available that day.

남자의 말( ) / 여자의 말( )
①
②
③
④
⑤

7 대화를 듣고, 남자의 마지막 말에 대한 여자의 응답으로 가장 적절한 것을 고르시오. [2020학년도 수능]

Woman: _____

① Okay. I'll send the address to your phone.

② Yes. I'll have your dress cleaned by noon.

③ Of course. I'll open the shop tomorrow.

④ No. I'm not moving to a new place.

⑤ Too late. I'm already back at home.

남자의 말( ) / 여자의 말( )
①
②
③
④
⑤

8 대화를 듣고, 남자의 마지막 말에 대한 여자의 응답으로 가장 적절한 것을 고르시오. [2020년 9월 평가원]

Woman: _____

① I think so. I should be fine by then.

② I'm sorry. I forgot to bring my racket.

③ Of course. Keep me posted on his recovery.

④ I'm afraid not. The doctor's schedule is full today.

⑤ Good idea. Let's watch the tennis match at my house.

남자의 말( ) / 여자의 말( )
①
②
③
④
⑤

9 대화를 듣고, 여자의 마지막 말에 대한 남자의 응답으로 가장 적절한 것을 고르시오. [2020년 9월 평가원]

Man: _____

① I remember where I left my uniform.

② We can't participate in P.E. class now.

③ You should hurry before the cafeteria closes.

④ You can leave it with me and I'll find the owner.

⑤ I hope someone will bring it with your belongings.

남자의 말( ) / 여자의 말( )
①
②
③
④
⑤

10 대화를 듣고, 남자의 마지막 말에 대한 여자의 응답으로 가장
   적절한 것을 고르시오.   2020년 6월 평가원

Woman: _____

① I'll be back tomorrow.

② You liked the food there.

③ I go to the gym every day.

④ You should be here by six.

⑤ We finished dinner already.

남자의 말(   ) / 여자의 말(   )
①
②
③
④
⑤

11 대화를 듣고, 남자의 마지막 말에 대한 여자의 응답으로 가장
   적절한 것을 고르시오.   2020년 6월 평가원

Woman: _____

① All right. I'll take the bus then.

② No. My bicycle is broken again.

③ No problem. I'll give you a ride.

④ Don't worry. I'm already at school.

⑤ Indeed. I'm glad it's getting warmer.

남자의 말(   ) / 여자의 말(   )
①
②
③
④
⑤

12 대화를 듣고, 남자의 마지막 말에 대한 여자의 응답으로 가장
   적절한 것을 고르시오.   2019년 9월 평가원

Woman: _____

① Yes. The field trip was very exciting.

② Really? I'll go there tomorrow then.

③ Certainly. We're very close friends.

④ Sorry. I was so busy last week.

⑤ Great! It's going to be sunny.

남자의 말(   ) / 여자의 말(   )
①
②
③
④
⑤

1

W: Hi, Justin. I heard you're _____ be the MC at the school festival.

M: Yes, I am, Cindy.

W: Do you have everything ready?

M: Mostly. I have all the _____ ready and I've practiced a lot.

W: I'm sure you'll _____.

M: I hope so, too. But there's one thing I'm worried about.

W: What is it?

M: I need a suit, so I'm thinking of buying one. But it's expensive, and I don't think I'll wear it after the festival.

W: Well, if you want, I can ask my older brother to lend you one of his suits. He has a lot of them.

M: Could you please?

W: _____.

M: Thanks. But will his suit be my size.

W: It will. You and my brother pretty much have the same build.

2

M: Amy, what are you reading?

W: Dad, it's a book for my _____ course.

M: Let me take a look. Wow! It's a book by Kant.?

W: Yeah. It's very difficult to understand.

M: You're right. His books take a lot of effort to read since they include his deep knowledge and thoughts.

W: I think so, too. Do you have any ideas for me to understand the book better, Dad?

M: Well, _____ join a philosophy discussion group? You can find one in our area.

W: Are there discussion groups for philosophy? _____.

M: Yeah. You can share ideas with others in the group about the book you're reading.

W: You mean I can understand Kant's book more clearly by discussing it?

M: Absolutely. Plus, you can develop _____ thinking skills in the group as well.

3

[Cell phone rings.]

M: Hi, Stacy. What are you doing this afternoon?

W: Hi, Ben. I hope to finish my math homework around noon, and after that I don't have any plans. Why?

M: I was thinking about going to a cooking class at 5 p.m. Do you want to come?

W: A cooking class? Isn't cooking difficult? I'm already _____ from doing my homework.

M: Well, actually, I recently read an article that said cooking is very effective in relieving stress.

W: What do you mean?

M: When you cook, the smell from the food you're making can help you feel relaxed.

W: _____. The smell of a freshly-cooked meal calms me down.

M: That's what I mean. Also, when you eat the delicious food you make, you'll feel happy.

W: _____. Perhaps it'll help me take my mind off schoolwork.

M: Exactly. You should _____ come with me.

4

M: Honey, what time are we visiting the museum?

W: We should be able to get to the museum at around 2 p.m. after having lunch at Nanco's Restaurant.

M: Okay. Are we taking the bus?

W: We have two kids with us and the museum is pretty far from the restaurant. Let's drive.

M: But it'll be hard to find a parking space at the museum today. There are so many visitors on the weekend.

W: How about using an app to search for parking lots near the museum?

M: Is there an app for that?

W: Yes. The app is called Parking Paradise. It helps you find and _____ a parking spot.

M: _____! Have you tried it?

W: No. But I heard that it's _____ and convenient.

M: _____. Let me find the app and download it.

W: Okay. Can you find a parking space while I get the kids ready?

5

M: Hey, Sylvia. I saw your new movie a few days ago. You played the character beautifully.

W: Thanks, Jack. I had so much fun acting in that movie.

M: I'm sure you did. Sylvia, I'm going to be directing a new movie. You'd be perfect for the

_____ .

W: Oh, really? What's the movie about?

M: It's a comedy about a _____ who just moved to a new town.

W: That sounds interesting, and I'd like to be in your movie. But _____ I'm the right

person for the role.

M: Why do you say that?

W: Well, I haven't acted in a comedy before.

M: Don't worry. You're a natural actor.

W: That's kind of you. Can I read the script and then decide?

M: Sure. I'll send you _____ the script. I'll be waiting to hear from you.

6

W: Jason, I heard you're planning a sports day for your company.

M: Yeah, it's next Saturday. But the problem is that I haven't been able to reserve a place yet.

W: Oh, really? Have you _____ Portman Sports Center?

M: I have. Unfortunately, they're remodeling now.

W: _____ . It's perfect for sports events.

M: I know. Well, I've been looking everywhere, but every place I've called is booked.

W: Oh, no. Can you postpone the event until they finish remodeling?

M: No, we can't. The company has a busy schedule after that day.

W: Hmm...How about Whelford High School? They have great sports facilities.

M: Really? Are they open to _____ ?

W: Sure, they are. We rented them for a company event last month.

M: Sounds like a good place to reserve.

W: Yes, it is. But the facilities are popular, so _____ hurry up.

7

[Cell phone rings.]

M: Honey, I've just _____. I'll be home in half an hour.

W: Good. _____ you to stop by the dry cleaner's shop and _____ my dress?

M: Sure. _____ the shop is located?

8

[Cell phone rings.]

M: Hello, Chloe. How's your leg?

W: Hey, Sean. It still hurts, but the doctor said I'll be _____ in a few days.

M:_____.

    Then, will you be able to play in the tennis match next weekend _____?

9

W: Mr. Brown, I brought this _____ that somebody left in the cafeteria.

M: _____. Is the student's name on the uniform?

W: Yes, but the student is not from our homeroom class. The uniform must _____ a

    student in another class.

10

M: Honey, I'm going to the _____ now.

W: Don't forget our _____ are coming to have dinner with us.

    _____ to be back before then.

M: I know. What time do you want me back home?

11

W: Michael, you're _____ take the school bus today, right?

M: If it's warmer than yesterday, I'm going to take my bicycle, Mom. Why?

W: It's much colder and windier today. _____ not _____ your bicycle.

12

M: Sally, what are you doing this afternoon?

W: I'm _____ going to Kingsfield Shopping Mall.

M: Oh, _____ the new shopping mall on Pine Street. But it's closed today.

11일차 상황에 맞는 할 말

(1) 유형소개와 오답피하기 비법

💡「상황에 맞는 할 말」 유형이란?

· 대화를 듣고, 특정 인물이 할 말을 추론하는 유형이다.

· 인물들의 수, 그들의 관계나 상황 등을 파악하며 듣도록 한다.

· 선택지를 보고 상황을 추론하여 문제를 풀도록 한다.

🔍 오답 피하기 비법!

비법 1) 등장인물 파악하여 각각의 행동을 중점적으로 구분하며 듣기

M: This spring Olivia is having health problems due to high levels of fine dust. She tells her husband, David, that they need an air purifier.

비법 2) 화자가 계속 반복하여 말하고 있는 단어(핵심어)를 확인하며 듣기

They see several models on display. Olivia wants to get one of the latest models, but she's not sure if she'll like it. David remembers that some companies offer services where customers can try out products before they actually make a purchase. He thinks that such services might be available for air purifiers, too. When they use the trial service, they'll know if the model is good for them.

비법 3) 정답 단서를 찾아 나가면서 특히 담화의 끝부분을 집중해서 듣기

He wants to suggest this idea to her. In this situation, what would David most likely say to Olivia?

(2) 비법 적용하여 정답 찾기!

[예제] 다음 상황 설명을 듣고, Brian의 어머니가 Brian에게 할 말로 가장 적절한 것을 고르시오. 2020학년도 수능

Brian's mother: _____

① Make sure to call me whenever you go somewhere new.

② School trips are good opportunities to make friends.

③ I believe traveling broadens your perspective.

④ How about carrying the luggage on your own?

⑤ Why don't you pack your bag by yourself for the trip?

W: **Brian** is **a high school student. He** has only **traveled** with his family before. Until now **his mother** has always taken care of his **travel** bag, so **he doesn't have any experience preparing** it himself.

Brian, He, his mother, he ▶ 비법 1) 등장인물 파악	traveled, travel ▶ 비법 2) 핵심어 파악	he doesn't have any experience preparing ▶ 비법 1) 인물의 행동 파악

This weekend, Brian is supposed to go on a school trip with his friends. He asks his mother to get his stuff ready for his trip this time, too.

However, she believes Brian is old enough to prepare what he needs, and **she thinks** this time is a great opportunity **for him to learn to be more independent.**

she thinks, for him to learn to be more independent ▶ 비법 1) 인물의 행동 파악

So, **she wants to tell** Brian that **he should get his things** ready and put them in his bag **without her help.** she wants to tell, he should get his things, without her help ▶ 비법 1) 인물의 행동 파악

In this situation, what would **Brian's mother most likely say to Brian?**

Brian's mother most likely say to Brian? ▶ 비법 3) 담화 끝부분 주의 – 엄마의 말

정답 ⑤

듣기 전 활동

1 다음 상황 설명을 듣고, Brian이 Ms.Clark에게 할 말로 가장 적절한 것을 고르시오.　　2018년 9월 평가원

◖◖◖ 선택지의 Key word를 써보세요.

Brian: _____

① You should judge students by their performance.　①

② I apologize for not joining the cheerleading team.　②

③ We're not allowed to participate in the competition.　③

④ It was a good experience coaching you last semester.　④

⑤ We're thankful for all the hard work you've done for us.　⑤

2 다음 상황 설명을 듣고, Marcus가 Judy에게 할 말로 가장 적절한 것을 고르시오.　　2018년 6월 평가원

Marcus: _____

① Can you share your recipe if you don't mind?　①

② We'll be able to win since we've practiced a lot.　②

③ We'd better figure out who our competitors will be.　③

④ We need to practice harder to speed up our cooking.　④

⑤ How about signing up for the cooking competition with me?　⑤

3 다음 상황 설명을 듣고, Ms. Green이 Steven에게 할 말로 가장 적절한 것을 고르시오.　　2019년 9월 평가원

Ms. Green: _____

① You'd better remove your personal information from the website.　①

② You should make sure the information you find online is correct.　②

③ I think it's important to meet the deadline of the presentation.　③

④ I'm worried that our presentation topic is inappropriate.　④

⑤ I'll explain how to connect to the Internet in the office.　⑤

4 다음 상황 설명을 듣고, Peter가 Peter의 할머니에게 할 말로 가장 적절한 것을 고르시오. 2019년 6월 평가

선택지의 Key word를 써보세요.

Peter: _____

① I'm worried that you use your smartphone too much.　①
② Let me explain how to download apps on your phone.　②
③ Why don't you share your photos with your classmates?　③
④ How about taking a smartphone class at the senior center?　④
⑤ I'd better buy you a new smartphone with a larger screen.　⑤

5 다음 상황 설명을 듣고, Jane이 Andrew에게 할 말로 가장 적절한 것을 고르시오. 2020년 9월 평가원

Jane: _____

① Make sure everybody is prepared for next week.　①
② I think you should wear this jacket for the festival.　②
③ Thank you for keeping all your things in perfect shape.　③
④ How about choosing just the items that are in a good state?　④
⑤ Why don't you buy secondhand items instead of new ones?　⑤

6 다음 상황 설명을 듣고, Mary가 Steve에게 할 말로 가장 적절한 것을 고르시오. 2020년 6월 평가원

Mary: _____

① Why don't you take leave today and look after yourself?　①
② Your interests should be the priority in your job search.　②
③ You'd better actively support your teammates' ideas.　③
④ Let's find a way to increase sales of health products.　④
⑤ How about changing the details of the contract?　⑤

(4) 핵심표현 및 핵심어휘 확인 Dictation

정답 및 해설 p93

1

M: Ms. Clark started coaching the school cheerleading team last _____.

She's very _____ helping students, so she even worked on weekends. When the team entered the regional cheerleading competition, Ms. Clark taught them several advanced techniques to impress the judges. However, some members made mistakes while performing these difficult techniques. And they lost the _____. Now, Ms. Clark feels down because she blames herself for teaching techniques that were too difficult for the students. But the team members think they've improved _____ thanks to her coaching. So, Brian, the team leader, wants to tell Ms. Clark that the team members appreciate the time and effort she's given them. In this situation, what would Brian most likely say to Ms. Clark?

2

W: Marcus and Judy are friends who are both _____ cooking. One day, Marcus finds a notice about a cooking competition for high school students. He asks Judy to join him as a team and Judy agrees. They begin practicing and _____ developing a new_____ for the competition. Just a week before the competition, Marcus is concerned that they're too slow when they cook. No matter how good their recipe is, they'll lose if they can't finish on time. So Marcus wants to tell Judy that they should _____ training themselves to cook faster. In this situation, what would Marcus most likely say to Judy?

86 영어 오답의 모든 것

3

M: Steven is a newcomer on Ms. Green's marketing team. Ms. Green, as the leader, asked him to prepare for a presentation about consumer behavior. When reviewing his _____ of the presentation, she realized that Steven included incorrect data from the Internet. When she asked about it, Steven said that he uses only Internet sources. The problem is he doesn't check if that information is reliable. But Ms. Green _____ information on the Internet is not always _____. So, Ms. Green wants to tell Steven to check _____ the information he finds on the Internet is correct. In this situation, what would Ms. Green most likely say to Steven?

4

M: Peter recently gave his grandmother a smartphone for her birthday. She uses it frequently and often _____ help her do things such as sharing photos or downloading apps. Peter is happy to help her, but he has to go abroad for a long _____ next week. He's _____ she'll have no one to help her with her smartphone. So he _____ a way to help her and finds that the local senior center offers a class which teaches seniors how to use smartphones. So, Peter wants to tell his grandmother to learn smartphone skills from the senior center. In this situation, what would Peter most likely say to his grandmother?

5

W: Andrew is _____ to sell his used things at his school festival next week. Andrew gathers all the _____ that he wants to sell and asks his mother, Jane, what she thinks of his selections. Jane _____ the items and notices that some of them are old and in poor condition. She thinks that Andrew shouldn't take such worn-out things to the festival because people won't be interested in buying them. So, Jane wants to _____ Andrew should only pick out the ones that are in fine condition. In this situation, what would Jane most likely say to Andrew?

6

M: Mary is leading a sales team at her company. Her team is working hard on a proposal for a very important _____. In the morning, Mary notices that Steve, one of her team members, is frequently massaging his shoulders while _____. Mary asks Steve if he is feeling okay. Steve says that he has been feeling pain in his shoulder for the last few days, but he also says that he is okay to continue working. Mary is concerned that if Steve continues to work despite his pain, his health could become worse. She believes that his health should be the _____. So, she wants to suggest to Steve that he _____ and take care of himself. In this situation, what would Mary most likely say to Steve?

12일차 말의 주제, 언급되지 않은 것

(1) 유형소개와 오답피하기 비법

💡 「말의 주제, 언급되지 않은 것」 유형이란?

· 하나의 긴 담화를 두 번 듣고 '주제(목적)'와 '언급되지 않은 것'을 찾는 2문제가 포함된 유형이다.

· 이 유형은 2번 들려주므로 1번은 주제찾기, 1번은 언급되지 않은 것 찾기로 활용할 수 있다.

· 주제 찾기 유형

주로 초반부에 담화주제가 언급된다.

주제에 대한 예시, 방법, 조언, 설명 등 다양한 서술 방식이 연관성 있게 이어진다.

주제와 연관된 여러가지 내용이 제시되기 때문에 지엽적인 내용보다 전반적인 내용을 요약하여 주제를 추론한다.

· 언급되지 않은 것 찾는 유형

담화 속의 주제와 관련된 예시들 중 언급되지 않은 항목들을 찾는 유형이다.

선택지 순서대로 언급되므로, 담화를 들으며 언급된 선택지를 소거하면 정답 찾기가 용이하다.

🔍 오답 피하기 비법!

비법 1) 듣기 전, 주제찾기 문항의 선택지에 반복적으로 등장하는 단어를 통해 소재 예측하기

핵심어 – 반복적으로 사용되거나 유사한 속성으로 보이는 단어

비법 2) 초반부에 담화의 소재와 주제를 파악하고, 중후반부에 주제와 관련하여 일관성있게 전개되는 요소들을 꼼꼼하게 듣기

초반부 – 소재 및 주제를 파악

중 · 후반부-주제와 관련하여 나열된 것을 파악

비법 3) 아래와 같은 표현에 집중하여 언급된 것을 선택지에서 소거하기

예시	for example, for instance, like, such as, case(s) 등
나열	First, Second, Third, Lastly, Finally 등
단순나열	(예:과일)Lemons, Strawberries, Oranges 등

(2) 비법 적용하여 정답 찾기!

[예제] 다음을 듣고, 물음에 답하시오. 2020학년도 수능

1. 남자가 하는 말의 주제로 가장 적절한 것은?

① **animals** used in delivering mail in history (역사상 메일을 전달하는데 사용되어진 동물)

② difficulty of training **animals** from the wild (야생 동물을 훈련시키는 어려움)

③ **animals'** adaptation to environmental changes (환경 변화에 대한 동물들의 적응)

④ endangered **animals** in different countries (다른 국가에서 멸종 위기에 처한 동물들)

⑤ ways **animals** sent each other messages (동물들이 서로에게 메시지를 보내는 방법)

> animals ❯ 비법 1) 선택지 -핵심어 파악 (동물에 관한 내용임을 예측)

2. 언급된 동물이 <u>아닌</u> 것은?

① horses   ② pigeons   ③ eagles   ④ dogs   ⑤ camels

W: How did people send mail before they had access to cars and trains? There were simple options out there, like **delivery by animal.**

> delivery by animal ❯ 비법 2) 소재 및 주제 파악

Horses were frequently **utilized in delivery** of letters and messages. In the 19th century, a mail express system that used **horses** serviced a large area of the United States.

> utilized in delivery ❯ 비법 2) 소재 및 주제의 일관성   horses ❯ 비법 3) 단순나열(① 소거)

Pigeons may be seen as a problem by many people today. However, in ancient Greece, **they were used to mail** people the results of the Olympics between cities.

> they were used to mail ❯ 비법 2) 소재 및 주제의 일관성   Pigeons ❯ 비법 3) 단순나열(② 소거)

Alaska and Canada are known for their cold winters. In their early days, **dogs** were **utilized to deliver mail** because they've adapted to run over ice and snow.

> utilized to deliver mail ❯ 비법 2) 소재 및 주제의 일관성   dogs ❯ 비법 3) 단순나열(④ 소거)

Maybe the most fascinating of all **delivery animals** is the **camel**. Australia imported camels from the Middle East and utilized them to **transfer mail** across vast deserts.

> delivery animals, transfer mail ❯ 비법 2) 소재 및 주제의 일관성   camel ❯ 비법 3) 단순나열(⑤ 소거)

They were ideally suited to this job because they can go without water for quite a while. Fortunately, we've developed faster and more reliable delivery systems, but we should not ignore the important roles these animals played in the past.

정답 1. ①   2. ③

해설 정답 p94

(3) 실전 연습 문제

1 다음을 듣고, 물음에 답하시오.　2018년 9월 평가원

1-1 여자가 하는 말의 주제로 가장 적절한 것은?

① effects of food on sleep
② causes of eating disorders
③ ways to improve digestion
④ what not to eat to lose weight
⑤ importance of a balanced diet for health

1-2 언급된 음식이 아닌 것은?

① bananas　② milk　③ cereal
④ French fries　⑤ candies

2 다음을 듣고, 물음에 답하시오.　2019년 6월 평가원

2-1 여자가 하는 말의 주제로 가장 적절한 것은?

① unique museums around the world
② the history of world-class museums
③ cultural festivals in different countries
④ worldwide efforts to preserve heritage
⑤ international etiquette of museum visitors

2-2 언급된 나라가 아닌 것은?

① USA　② Egypt　③ India
④ Japan　⑤ Mexico

3 다음을 듣고, 물음에 답하시오.　2019학년도 수능

3-1 여자가 하는 말의 주제로 가장 적절한 것은?

① why traditional foods are popular
② misconceptions about organic foods
③ unexpected origins of common foods
④ when foods spread across countries
⑤ importance of eating fresh foods

3-2 언급된 음식이 아닌 것은?

① Caesar salad　② bagels　③ kiwis
④ potatoes　⑤ buffalo wings

듣기 전 활동

◀◀◉ 해당하는 것에 V 표시 하고,
선택지의 Key word를 써보세요.
남자의 말(　) / 여자의 말(　)
①
②
③
④
⑤

선택지 Key word 찾기
남자의 말(　) / 여자의 말(　)
①
②
③
④
⑤

선택지 Key word 찾기
남자의 말(　) / 여자의 말(　)
①
②
③
④
⑤

4 다음을 듣고, 물음에 답하시오.　　2018년 9월 평가원

4-1 여자가 하는 말의 주제로 가장 적절한 것은?

① reasons why chemicals are harmful to plants
② ways that plants protect themselves from danger
③ difficulties in preventing plants from overgrowing
④ tips for keeping dangerous insects away from plants
⑤ importance of recognizing poisonous plants in the wild

4-2 언급된 식물이 아닌 것은?

① roses　　② tomato plants　　③ clovers
④ cherry trees　　⑤ walnut trees

듣기 전 활동

◀◀◉ 해당하는 것에 V 표시 하고, 선택지의 Key word를 써보세요.
남자의 말(　) / 여자의 말(　)
①
②
③
④
⑤

5 다음을 듣고, 물음에 답하시오.　　2019년 6월 평가원

5-1 남자가 하는 말의 주제로 가장 적절한 것은?

① positive effects of plants on insects
② benefits of insects to human beings
③ various methods of insect reproduction
④ relationship between diseases and insects
⑤ ways to prevent insects from damaging crops

5-2 언급된 곤충이 아닌 것은?

① honeybees　　② grasshoppers　　③ silkworms
④ fruit flies　　⑤ ladybugs

선택지 Key word 찾기
남자의 말(　) / 여자의 말(　)
①
②
③
④
⑤

6 다음을 듣고, 물음에 답하시오.　　2019학년도 수능

6-1 남자가 하는 말의 주제로 가장 적절한 것은?

① reasons why creativity is essential to artists
② habits of famous artists to get creative ideas
③ jobs that are likely to disappear in the future
④ necessity of teaching how to appreciate artwork
⑤ relationship between job satisfaction and creativity

6-2 언급된 직업이 아닌 것은?

① filmmaker　　② composer　　③ writer
④ painter　　⑤ photographer

선택지 Key word 찾기
남자의 말(　) / 여자의 말(　)
①
②
③
④
⑤

1

W: Welcome to the Farrington Wellness Center. I'm Dr. Hannah Dawson. As you know, sleep is affected by many factors. According to research, one such factor is food. Some foods are good for sleep. For example, bananas _____ magnesium, a mineral that promotes sleep by helping relax your muscles. Another good food is milk. Dairy products help the body make a hormone that helps regulate sleep. On the other hand, there are many foods to avoid, especially before bed. Don't order French fries late at night because fatty foods _____ long to digest, which harms the quality of your sleep. Also, put away candies before bed. Sugary foods can keep you awake because they increase your blood sugar. So if you're _____ sleeping, take a look at your diet because good sleep depends on what you eat. Now, I'll present some information from studies I've _____ on this topic.

2

W: Hello, students. Last class, we learned about the history of museums. You may think they're boring, but that's not true. Today I'll tell you about museums in different countries that are not like any museums you've ever seen. Each has unusual _____ which will surely _____. First is a spy museum in the USA. Here you can see a collection of spy tools including mini cameras, fake money, and special _____ from the spy movies. Then there's an interesting toilet museum in India. The museum displays toilets and related items _____ ancient to modern times. These have been collected from 50 countries. Next, Japan has an instant ramen museum. Here you can learn ramen's history and make your own fresh cup of ramen. Finally, one museum has an unusual way of enjoying the exhibits. To explore the underwater museum in Mexico, you have to snorkel, scuba dive, or ride a glass-bottom boat. Which museum most interests you?

3

W: Hello, students. Previously, we discussed traditional foods in different countries. Today, I'll talk about surprising birthplaces of everyday foods.

First, people believe the Caesar salad is _____ a Roman emperor. But a well-known story is that the name came from a chef in Mexico. He created it by putting together some basic ingredients when _____ food.

Second, bagels are a famous New York food. But they're likely from central Europe. A widely repeated story says that they were first made in Vienna to celebrate the defeat of an invading army.

Third, many people think kiwis are from New Zealand. It's probably because a small _____ bird from New Zealand has the same name. In fact, the food is from China.

Last, if there's any country known for potatoes, it's Ireland.

That's because _____ of this food caused extreme hunger in Ireland in the 19th century.

However, the food is believed to come from South America. Now, we'll watch a short video about these foods.

4

W: Good morning, students. Previously, we learned about various environments in which plants grow. Today, we'll discuss how plants _____ themselves from threat. Even though plants cannot run away from danger, they know how to keep themselves safe. First, many plants, like roses, have sharp thorns. When animals get too close, these thorns cut them, warning them to stay away. Also, plants can create substance that cause a bad taste. When insects attack, for example, tomato plants _____ chemicals, making their leaves taste bad. Next, Some plants form partnerships with insects. For instance, some cherry trees attract ants by making a sweet liquid. The ants guard the tree from enemies to keep this food source safe. Finally, there are plants that _____ a poison to protect themselves. For example, certain walnut trees see other nearby trees as a danger, so they produce a poison to _____ growing. Now, let's watch a video about these incredible plants.

5

M: Hello, students. Last class, we discussed the harm caused by insects. Today, we're going to learn about the advantages that insects can bring us.

First, honeybees _____ the reproductive process of plants by helping them to produce seeds. In the U.S., the honeybees' _____ in this process accounts for about $20 billion in crops per year, including fruits and vegetables.

Second, insects like grasshoppers are a major food source in the world because they're high in protein and low in cholesterol. In Mexico, for example, you can easily find fried grasshoppers sold in village markets.

Next, silkworms are _____ producing most of the world's silk, which is recognized as a valuable product. In China, silkworms produce approximately 30,000 tons of raw silk annually.

Finally, fruit flies have been used by many researchers in genetic studies. Fruit flies are practical test subjects for such studies due to their short _____. Now, let's watch some video clips to help you understand better.

6

M: Hello, students. Last class, we learned about famous artists in history. Today, I'll talk about what a few famous artists regularly did to get inspiration for their creative work.

First, let's take a look at a well-known filmmaker, Ingmar Bergman. He worked at exactly the same time and even ate the same lunch every day. His daily habits were a driving force for his movies. Tchaikovsky, one of the greatest composers, always _____ a long walk _____ the weather. It was essential to his musical creativity. A famous British writer, Agatha Christie, had her own unusual habit, too. She _____ sit in a bathtub and eat apples, which helped her to imagine the crimes she would put in her novels. Here's one more interesting habit. Salvador Dali, a famous painter, used to nap while holding a key in his hand. When he fell asleep, the key would slip from his fingers, waking up with the clink sound. He captured that moment dreaming and waking on his canvas. So, what do you do regularly to _____ new ideas?

고등학교 영어 오답의 모든 것

<1. 듣기편> : 낭패없는 듣기훈련

초판 1쇄 발행 2021년 4월 30일

지은이	정동완 김표 정승덕 민현진
펴낸이	꿈구두
펴낸곳	꿈구두
디자인	맨디 디자인

출판등록	2019년 5월 16일, 제 2019-000010호
블로그	https://blog.naver.com/edu-atoz
이메일	edu-atoz@naver.com

밴드 네이버밴드 <오늘과 내일의 학교>

ISBN	979-11-971095-9-1

책값은 표지 뒤쪽에 있습니다.
파본은 구입하신 서점에서 교환해드립니다.

영어 오답의 모든 것 ①

정답과 해설

{ 낭패없는
듣기훈련 }

꿈구두

영머 오답의 모든것 1

정답과 해설

낭패없는
{ 듣기훈련 }

꿈구두

영어 오답의 모든 것 듣기편

Contents

정답 및 해설

정답 및 해설

영오모 듣기파일

영오모 스터디

(3) 실전 연습 문제

1 답 : ② (2020년 9월 평가원)   본문 p10

① 등교 시간 변경을 알리려고
② 학교 매점의 영업 재개를 안내하려고
③ 체육관 신축 공사 일정을 예고하려고
④ 교실 의자와 책상 교체 계획을 공지하려고
⑤ 학교 급식 만족도 조사 참여를 독려하려고

등교, 학교, 체육관, 교실	알림, 안내, 예고, 공지, 독려
▶ 비법 1) 키워드-대화내용 예측	▶ 비법 1) 목적관련 어휘 파악

W: Hello, students. **This is your principal,** Ms. Carson.
　　　　　　　비법 2) 관계파악(학생-교장)

I'm sure you've all been looking forward to **the reopening of our school store.** 비법 4) 주요단서(학교매점)

I'm very happy to announce that after some improvements **the store** will finally **open again** tomorrow. 비법 4) 주요단서(선택지 일치)
Based on your comments and requests, we have expanded the space of the store and replaced the chairs and tables.

So now, the school store has become a better place for you to
비법 3) 화자의 의도(so now)

relax and enjoy your snacks. The store's operating hours will remain the same as before.
Once again, our school store is reopening tomorrow. I hope you will all enjoy it. 비법 5) 재강조(정답과 연계)

해석
여: 안녕하세요, 학생 여러분. 저는 여러분의 학교 교장 Carson입니다. 여러분 모두 우리 학교 매점의 재개장을 고대하고 계셨을 것으로 확신합니다. 약간의 개선 후에 매점이 마침내 내일 다시 문을 열 것이라고 발표하게 되어 저는 매우 기쁩니다. 여러분의 의견과 요청을 바탕으로, 매장 공간을 넓히고 의자와 테이블을 교체했습니다. 그래서 이제, 학교 매장은 여러분이 휴식을 취하고 간식을 즐기기에 더 좋은 장소가 되었습니다. 매장 운영 시간은 이전과 동일하게 유지될 것입니다. 다시 한 번, 우리 학교 매장이 내일 다시 문을 엽니다. 저는 여러분이 그곳을 즐기기를 바랍니다.

:::: 핵심 표현 학습 ::::

1. look forward to (동)명사 : ~을 기대하다

ex We **look forward to** your rapid reply. 우리는 당신의 신속한 대답을 기대합니다.

2. be happy to 동사원형: ~해서 기쁘다

ex I **am very happy to** be back in Korea. I've been abroad for a business for a long time.
나는 한국에 돌아와서 정말 기뻐요. 나는 오랫동안 사업차 해외에 오래 있었어요.

:::: 핵심 어휘 학습 ::::

principal	교장	announce	발표하다
comment	의견	expand	넓히다
operating hour	운영시간		

① **발명** 대회 참가 신청 마감일 변경을 **안내하려고**

② 수업 과제의 온라인 제출 방법을 **설명하려고**

③ 학교 홈페이지 운영 도우미를 **모집하려고**

④ **발명** 아이디어 우수 사례를 **소개하려고**

⑤ **발명가** 초청 특별 강연을 **홍보하려고**

발명	안내, 설명, 모집, 소개, 홍보
▶ 비법 1) 키워드-대화내용 예측	▶ 비법 1) 목적관련 어휘 파악

M: Good morning, Hotwells High School students. This is your **science teacher**, 비법 2) 관계파악(교사-학생)

Mr. Moore, with an announcement about our **invention contest.**
비법 4) 주요단서(발명대회)

I know you all have creative invention ideas, and I'm excited to see them. As you know, we were accepting applications until July 8th through the school website.

However, **the deadline has been changed** due to website
비법 4) 주요단서(마감기한변경)

maintenance on July 7th and 8th.

So, I'd like to inform you that **we've moved the deadline to July 10th.**
비법 3) 화자의 의도(so, I'd like to) 비법 5) 재강조(마감기한변경 재확인)

Thank you for understanding, and please don't forget the changed deadline. If you have questions, please visit me in my office. Thank you.

해석

남: 안녕하세요, Hotwells 고등학교 학생 여러분. 저는 여러분의 과학 교사인 Mr.Moor이며, 우리의 발명 대회에 관해 알려드리고자 합니다. 저는 여러분 모두에게 창의적인 발명 아이디어가 있다는 것을 알고 있으며, 그것을 보게 되어 신이 납니다. 아시다시피, 학교 웹사이트를 통해 7월 8일까지 신청서를 접수하고 있었습니다. 그런데 7월 7일과 8일의 웹사이트 보수로 인해 마감일이 변경되었습니다. 따라서 마감일이 7월 10일로 옮겨졌다는 것을 알려드리고자 합니다. 이해에 감사드리며, 변경된 마감일을 잊지 마시기 바랍니다. 문의 사항이 있으시면, 제 사무실로 저를 찾아와 주시기 바랍니다. 감사합니다.

:::: **핵심 표현 학습** ::::

1. be excited to 동사원형 : ~하게 되어 신이 나다

ex He **was excited to** be asked to play for his school soccer team.
그는 그의 학교 축구팀을 위해 경기해 달라는 요청을 받고 신이 났습니다.

2. I'd like to inform you that 주어+동사 : 나는 너에게 [주어+동사]를 알려주고 싶다

ex **I'd like to inform you that** our contract has changed a little bit.
나는 당신에게 우리의 계약사항이 약간 바뀌었다는 것을 알려주고 싶습니다.

:::: **핵심 어휘 학습** ::::

contest	대회	application	신청(서), 지원(서)
deadline	마감일, 마감 기한	maintenance	보수, 유지

① 경기 취소를 공지하려고
② 팬클럽 가입을 권유하려고
③ 경기장 개장을 홍보하려고
④ 웹 사이트 점검을 안내하려고
⑤ 시상식 일정 변경을 사과하려고

경기	공지, 권유, 홍보, 안내, 사과
▶ 비법 1) 키워드-대화내용 예측	▶ 비법 1) 목적관련 어휘 파악

M: Attention, Whittenberg Dragons and Westbrook Whales **fans.**
　　　　　　　　　　　비법 2) 관계파악(장내안내방송-fan)

This is **an announcement** about today's **game** at Estana Stadium.
　　비법 4) 주요단서(announce 공지, game 경기)

Today's baseball game was supposed to begin in twenty minutes. But it started raining one hour ago, and has not stopped. According to the forecast, the weather will only get worse. Because of this, we have decided to cancel today's game. Tickets you purchased for today's event will be fully refunded. And information about the make-up game will be updated on our website soon. **Once again, today's game has been canceled** due to heavy rain.
비법 3) 화자의 의도(Once again)　비법 5) 재강조(재확인)

Thank you for visiting our stadium, and we hope to see you again at our next game.

해석
남: Whittenberg Dragons와 Westbrook Whales 팬 여러분께 알려드립니다. Estana 경기장에서 열리는 오늘 경기에 대한 공지입니다. 오늘 야구 경기는 20분 후에 시작하기로 되어 있었습니다. 하지만 한 시간 전에 비가 내리기 시작했고, 멈추지 않고 있습니다. 일기예보에 따르면 날씨가 더 나빠질 뿐입니다. 이로 인해 저희는 오늘 경기를 취소하기로 결정했습니다. 오늘 시합을 위해 여러분이 구입한 표는 전액 환불됩니다. 그리고 재경기에 대한 정보는 곧 저희 웹사이트에서 새로이 나올 것입니다. 다시 한 번 말씀드리지만, 오늘 경기가 폭우로 인해 취소되었습니다. 저희 경기장을 방문해 주셔서 감사드리며, 다음 경기에서 다시 뵙기를 바랍니다.

:::: **핵심 표현 학습** ::::

1. be supposed to 동사원형 : ~하기로 되어 있다

ex Our government **is supposed to** protect our people.
우리 정부는 우리 국민을 보호하게 되어 있다.

2. get worse : 더 나빠지다, 악화되다

ex I didn't know that the patient would **get worse**.
나는 그 환자가 더 악화될 것을 알지 못했다.

3. be fully refunded : 전액 환불되다

ex A: The radio I bought yesterday isn't working. Can I have a refund?
제가 어제 산 라디오가 작동이 안되네요. 환불 받을 수 있을까요?
B: Sure, it can **be fully refunded**. 물론이에요. 전액 환불된답니다.

:::: **핵심 어휘 학습** ::::

announcement	공지	make-up game	재경기
due to	~ 때문에		

① 졸업식 식순을 알려주려고

② 졸업 작품 전시회를 홍보하려고

③ 사진 강좌 수강생을 모집하려고

④ 학교 도서관 이용 방법을 안내하려고

⑤ 졸업 사진 촬영 장소 변경을 공지하려고

졸업식, 졸업 작품, 졸업사진 ▶ 비법 1) 키워드-대화내용 예측	알림, 홍보, 모집, 안내, 공지 ▶ 비법 1) 목적관련 어휘 파악

W: Good afternoon, Brook High School students. This is **Ms. Kim, and I'm in charge of this year's graduation album.**

비법 2) 관계파악(졸업앨범담당자-학생)

As it was previously announced, senior students will take photos for their graduation album tomorrow. It was scheduled to take place at Shinewood Park. However, we're expecting heavy rain tomorrow, <u>so we've changed the location.</u>

비법 3) 화자의 의도(so) 비법 4) 주요단서(장소변경)

Students will have their class photos taken in the school auditorium and individual photos in the school library. **Please don't forget that the location for graduation photos has changed.**

비법 3) 화자의 의도(please) 비법 5) 재강조(재확인)

Thank you for listening.

해석

여: 안녕하세요, Brook 고등학교 학생 여러분. 저는 Ms. Kim이며, 올해의 졸업 앨범을 담당하고 있습니다. 전에 알려드린 것처럼, 졸업반 학생들은 내일 졸업 앨범을 위한 사진을 촬영할 것입니다. 그것은 Shinewood 공원에서 진행될 예정이었습니다. 그러나 내일 폭우가 예상되어, 장소를 변경했습니다. 학생들은 학급 사진은 학교 강당에서 촬영하고 개인 사진은 학교 도서관에서 촬영하게 될 것입니다. 졸업 사진 촬영 장소가 바뀌었다는 것을 잊지 마시기 바랍니다. 경청해 주셔서 고맙습니다.

:::: **핵심 표현 학습** ::::

1. in charge of : ~을 담당하고 있는

ex I am **in charge of** urban regeneration program.
나는 도시 재생 프로그램을 맡고 있습니다.

2. be scheduled to 동사원형 : ~하도록 예정되다

ex This car **was scheduled to** take a test for self-driving vehicles.
이 차는 자율주행을 위한 테스트를 하도록 예정되어 있었다.

:::: **핵심 어휘 학습** ::::

graduation album	졸업앨범	previously	전에
senior	졸업반(의)	location	장소
auditorium	강당	auditorium	강당

① 회사 발전 계획을 **발표하려고**

② **직원** 연수 일정을 **안내하려고**

③ 우수 **직원**상 신청을 **권장하려고**

④ 신입 **사원** 세미나를 **공지하려고**

⑤ **직장** 근무 환경 개선을 **촉구하려고**

직원, 사원, 직장	발표, 안내, 권장, 공지, 촉구
▶ 비법 1) 키워드-대화내용 예측	▶ 비법 1) 목적관련 어휘 파악

M: Good morning, Pyntech company employees.

I'm Paul Larson from the **Department of Human Resources.**

비법 2) 관계파악(인사과 직원)

As you know, **the deadline to apply for the Excellent Employee Award** is next Friday. 비법 2) 주요단서(우수직원상 신청마감일)

So far, only a few people have applied for the award.

I'd like to encourage all of you to submit your application form

비법 2) 화자의 의도(I'd like to)　비법 2) 주요단서(지원서 제출 독려)

for a chance to win. In addition to the $300 prize, it's an opportunity for your efforts to be recognized.

Application for this award is open to any employee who has

비법 4) 주요단서(지원은 누구나 가능)

shown an outstanding performance and has helped create a positive work environment this year. It doesn't matter whether you won previously or not. So if you think you're qualified, **please don't hesitate to apply for the Excellent Employee Award.**

비법 3) 화자의 의도(please)　비법 5) 재강조(재확인)

Maybe you'll be the winner this year!

해석

남: 좋은 아침입니다, Pyntech사 직원 여러분. 저는 인사과의 Paul Larson입니다. 여러분도 아시다시피, 우수 직원상 신청 마감일이 다음 주 금요일입니다. 지금까지, 단 몇 분만이 그 상을 신청하셨습니다. 저는 여러분 모두가 상을 탈 기회를 위해 여러분의 신청서를 제출할 것을 권장합니다. 300달러의 상금 이외에도, 그것은 여러분의 노력이 인정받을 기회입니다. 이 상의 신청은 올해 뛰어난 실적을 보여 주었고 긍정적인 근무 환경 조성에 도움을 준 직원 누구에게나 열려 있습니다. 여러분이 이전에 수상했는지의 여부는 중요하지 않습니다. 그러니 여러분이 자격을 갖추었다고 생각하시면, 우수 직원상을 신청하는 것을 주저하지 마세요. 여러분이 올해 수상자일 수도 있답니다!

:::: **핵심 표현 학습** ::::

1. so far : 지금까지

ⓔ🄧 How many tennis lessons have you had **so far**?

지금까지 얼마나 많이 테니스 레슨을 받아왔나요?

2. in addition to (동)명사 : ~외에도

ⓔ🄧 **In addition to** Bulguksa Temple, there are lots of tourist attractions in Kyung Ju.

불국사 외에도, 경주에는 많은 관광명소들이 있다.

:::: **핵심 어휘 학습** ::::

department of human resources	인사과	award	상
submit	제출하다	recognize	인정하다
outstanding	뛰어난, 두드러진	qualified	자격을 갖춘

① 스마트폰 사용 자제를 **당부하려고**

② 청취자의 문자 참여를 **권유하려고**

③ 프로그램 **방송** 시간 변경을 **공지하려고**

④ **라디오** 앱의 새로운 기능을 **소개하려고**

⑤ 음원 불법 다운로드의 유해성을 **경고하려고**

청취자, 방송, 라디오	당부, 권유, 공지, 소개, 경고
▶ 비법 1) 키워드-대화내용 예측	▶ 비법 1) 목적관련 어휘 파악

W: Hello, NPBC radio station listeners! I'm Jennifer Lee, the host of **Monday Live.** 비법 2) 관계파악(라디오진행자-청취자)

More than 100,000 listeners have installed and used our radio app on their smart phones to listen to our programs. To satisfy our audience's growing needs, we've **added three new functions to our app.**
비법 4) 주요단서(앱 기능 추가)

The best function is that you can download your favorite programs. This is useful if you miss our show or want to listen to it again. Another useful function is that you can bookmark your favorite stories and listen to a personalized playlist. Finally, you can set an alarm to wake up to your favorite radio program.

I hope these new functions of our radio app will make your day more enjoyable. 비법 3) 화자의 의도(I hope)　비법 5) 재강조(재확인)

해석

여: 안녕하세요, NPBC 라디오 방송국 청취자 여러분! 저는 '생방송 월요일'을 진행하고 있는 Jennifer Lee입니다. 십만 명을 넘는 청취자들이 자신들의 스마트폰에 저희의 라디오 앱을 설치하고 사용해 저희 프로그램을 듣고 있습니다. 저희 청취자들의 증가하는 요구사항을 충족시키기 위해 저희의 앱에 세 가지의 새로운 기능을 추가했습니다. 최고의 기능은 여러분이 가장 좋아하는 프로그램을 다운로드할 수 있다는 것입니다. 이것은 여러분이 저희 프로그램을 놓치거나 그것을 다시 듣고 싶을 때 유용합니다. 또 다른 유용한 기능은 여러분이 좋아하는 이야기를 북마크해서 맞춤형 재생 목록으로 들을 수 있다는 것입니다. 마지막으로 여러분은 좋아하는 라디오 프로그램에 맞추어 깨어날 수 있도록 알람을 설정할 수 있습니다. 저희 라디오 앱의 이러한 새로운 기능이 여러분의 하루를 더 즐겁게 만들기를 희망합니다.

:::: **핵심 표현 학습** ::::

1. set an alarm : 알람을 설정하다

🅴🆇 Don't forget to **set an alarm** for your flight this evening.
알람 설정하는 것을 잊지 마세요.

:::: **핵심 어휘 학습** ::::

install	설치하다	satisfy	충족시키다
bookmark	북마크하다, 책갈피하다	personalized	맞춤형의, 개인이 마음대로 사용할 수 있는
playlist	재생 목록	function	기능

1 ⟫⟫⟫ looking forward to | am very happy to | expanded | operating hours

2 ⟫⟫⟫ contest | I'm excited to | I'd like to inform | deadline

3 ⟫⟫⟫ was supposed to | get worse | fully refunded | due to

4 ⟫⟫⟫ in charge of | was scheduled to | location | auditorium

5 ⟫⟫⟫ So far | In addition to | outstanding | qualified

6 ⟫⟫⟫ satisfy | personalized | set an alarm | functions

2일차 남자/여자의 의견

(3) 실전 연습 문제

1 답 : ② (2020년 9월 평가원)

본문 p17

① 등산 전에는 과식을 삼가는 **것이 좋다.**

② **야생동물**에게 먹이를 주지 **말아야 한다.**

③ 야외 활동은 가족 간의 유대를 **돈독히 한다.**

④ 산에서 **야생동물**을 만났을 때는 **침착해야 된다.**

⑤ 반려동물을 키우는 것은 정서 안정에 **도움이 된다.**

남자의 의견	야생동물
▶ 비법 1) 남자의 의견 중심	▶ 비법 1) 중심소재

M: Cathy, it feels so great to be out in the mountains, doesn't it?
W: Yes, Dad. Look at that tree. There's a squirrel.
M: Oh, there's also a bird on the branch.
W: I want to feed them. Is it okay if I share my sandwich with them?
M: Hmm... I don't think **feeding wildlife** is a good idea.
　　　　　　　　　　　　　　비법 3) 반복어구
W: **Why do you think so**, Dad? Isn't **giving food to them** helpful?
　　비법 2) 문제제기　　　　　　　　　비법 3) 반복어구
M: No. If people **feed wild animals,** they'll stop looking for wild
　　　　　　　　비법 3) 반복어구
　　food and they could lose their survival abilities in nature.
W: I didn't know that.
M: Also, certain nutrients in human foods are harmful to some animals.
　　This is another reason why **we shouldn't feed wild animals.**
　　　　　　　　　　　　　　　　비법 2) 문제해결책 제시
W: I guess **giving food to wildlife** is **not as helpful as** I thought.
　　　　　비법 3) 반복어구　　　　　비법 2) 충고
M: That's right.
W: I'll keep that in mind.

해석

남: Cathy, 산에 나와 있으니 기분이 너무 좋지, 그렇지 않니?
여: 네, 아빠. 저 나무를 보세요. 다람쥐가 있어요.
남: 오, 나뭇가지에 새도 있구나.
여: 전 그들에게 먹이를 주고 싶어요. 제가 샌드위치를 그들과 나눠 먹어도 될까요?
남: 음.. 나는 야생동물에게 먹이를 주는 것이 좋은 생각이라고 생각하지 않아.
여: 왜 그렇게 생각하세요, 아빠? 그들에게 먹이를 주는 것이 도움이 되지 않나요?
남: 응. 사람들이 야생동물에게 먹이를 주면 그들은 야생 먹이를 찾는 것을 멈출 것이고, 자연에서의 생존 능력을 잃을 수도 있어. 여: 그건 몰랐어요.
남: 게다가 사람 음식에 들어 있는 어떤 영양소는 일부 동물들에게 해로워. 이것이 우리가 야생동물에게 먹이를 주면 안 되는 또 다른 이유지. 여: 야생동물에게 먹이를 주는 것이 제가 생각했던 것만큼 도움이 되지 않는 것 같아요.
남: 맞아
여: 명심할게요.

:::: 핵심 표현 학습 ::::

1. Why do you think so? : 왜 그렇게 생각하나요? (≒What makes you think so?)

ex A : I think James is too selfish. 내 생각에 James는 너무 이기적인 것 같아요.
　B : **Why do you think so**? 왜 그렇게 생각하세요?

2. keep ~ in mind : ~을 명심하다, 마음속에 새기다

ex **Keep in mind** what he told you. 그가 말한 것을 마음 속에 명심하세요.

:::: 핵심 어휘 학습 ::::

squirrel	다람쥐	feed	먹이를 주다, 먹이다
wildlife	야생동물	nutrient	영양소

① 보고서 주제는 **구체적이어야 한다.**

② **도표** 활용은 자료 제시에 **효과적이다.**

③ **설문** 대상에 따라 질문을 **달리해야 한다.**

④ **설문** 조사자를 위한 사전 교육이 **필요하다.**

⑤ **보고서** 작성 시 **도표** 제시 순서에 **유의해야 한다.**

여자의 의견	보고서, 도표, 설문
▶ 비법 1) 여자의 의견 중심	▶ 비법 1) 중심소재

M: Ms. Lee. <u>**Can you help me**</u> with my sociology **report?**
　　　　　　　비법 2) 문제제기

W: Sure, Alex. You surveyed teens about their travel preferences, right?

M: Yes, I did. I've collected data, but I'm not sure how to present the numbers effectively.

W: Let's see. Oh, you just listed all the numbers. <u>**Why don't you use**</u> <u>**charts or graphs, instead? They help present data effectively.**</u>
　비법 3) 반복어구(charts or graphs)　비법 2) 충고(why don't you~)/해결책 제시

M: Okay. What kind can I use?

W: For example, you can **use pie charts or bar graphs.**
　　　　　　　　　　　　비법 3) 반복어구(charts or graphs)

M: Oh, I didn't think about that.

W: Yeah. **Charts and graphs can be helpful.** They can represent
　　　　비법 3) 반복어구(charts or graphs) 비법 2) 충고(helpful)

　numbers in a simple image.

M: **That's good.**

W: Also, **they can help** people **see** the relationship between numbers **quickly.** 비법 2) 충고(help)

M: **So, charts and graphs** can make data **easy to understand.**
　비법 3) 반복어구(charts or graphs)　　　비법 2) 의견(easy)

W: Right. Using those can be **effective** in presenting data.
　　　　　　　　　　비법 2) 의견(effective)

M: I got it. Thanks for your help.

해석

남: Lee 선생님. 제 사회학 보고서를 좀 도와주실 수 있나요?

여: 물론이지, Alex. 십대들에게 그들의 여행 선호도에 관해 설문 조사한 것 맞지?

남: 네, 맞습니다. 자료를 수집했지만 어떻게 하면 숫자를 효과적으로 제시할 수 있을지 확신이 서지 않습니다.

여: 어디 보자. 오, 모든 숫자를 그냥 나열만 했구나. 차트나 그래프를 사용해 보는 게 어때, 대신에? 그것들이 자료를 효과적으로 제시하는 데 도움을 준단다.

남: 알겠습니다. 어떤 종류를 사용할 수 있을까요?

여: 예를 들면 파이 차트나 막대그래프를 사용할 수 있어.

남: 아 그것에 대해서는 생각해 보지 않았어요.

여: 그래. 차트와 그래프가 도움이 될 수 있어. 그것들은 숫자를 간단한 이미지로 나타낼 수 있어.

남: 그거 좋네요.

여: 또한, 그것들은 사람들이 숫자 사이의 관계를 빠르게 볼 수 있도록 도와줄 수 있어.

남: 그래서, 차트와 그래프는 자료를 이해하기 쉽게 해 줄 수 있는 거군요.

여: 맞아. 그것들을 사용하는 것은 데이터를 나타내는데 효과적일 수 있어.

남: 알겠습니다. 도와주셔서 감사합니다.

1. Can you help me with (동)명사? : 당신은 내가 ~하는 것을 도와줄 수 있나요?

ex **Can you help me with** my baggage?

내 짐 드는거 좀 도와줄 수 있나요?

2. That's good! : 그거 좋네요!

ex A : Why don't you try this pizza?

이 피자 좀 먹지 그래요?

B : **That's good**. I'm hungry.

그거 좋네요. 저는 배고파요.

3. I got it : 알겠어요, 이해했어요

ex A : Do you understand my explanation?

내 설명을 이해하나요?

B : **I got it.**

이해했어요.

sociology	사회학	preference	선호도
effectively	효과적으로	represent	나타내다, 대표하다

① 실패한 **실험**을 분석하면 실험에 **성공할 수 있다.**

② **과학** 수업에서는 이론과 실습이 **병행되어야 한다.**

③ **과학자**가 되기 위해서는 인문학적 **소양도 필요하다.**

④ 실험일지는 실험 보고서 작성에 **도움이 된다.**

⑤ **실험**을 할 때마다 안전 **교육을 해야 한다.**

여자의 의견	실험, 과학, 과학자
▶ 비법 1) 여자의 의견 중심	▶ 비법 1) 중심소재

W: Andrew, you look unhappy. What's wrong?

M: Hi, Ms. Benson. I've been trying this chemical reaction experiment again and again, but it's not working.

W: Why isn't it working?

M: I don't know. Maybe I don't have much talent for chemistry.

W: Don't be so hard on yourself.

M: So <u>what should I do?</u> 비법 2) 문제제기

W: <u>I believe</u> that the path to success is through <u>**analyzing failure.**</u>
　　비법 2) 해결책 제시　　　　　　　　비법 3) 반복어구 (analyzing failure)

M: <u>**Analyzing failure?**</u> What do you mean?
　　비법 3) 반복어구 (analyzing failure)

W: By <u>**examining what went wrong**</u> in your experiment, you can do it right. 비법 3) 반복유사어구(analyzing failure)

M: Hmm. You mean that even though my experiment didn't work, I can <u>learn something from failure?</u>
　　비법 3) 반복유사어구(analyzing failure)

W: Exactly. If you figure out how and why it didn't work, <u>**you can succeed**</u> at your experiment.
　　비법 2) 의견

M: Now I understand. I'll review my experiment. Thanks.

해석

여: Andrew, 기분이 안 좋아 보여요. 뭐가 잘못된 거죠?

남: 안녕하세요, Benson 씨. 이 화학 반응 실험을 되풀이해서 해보고 있는데 제대로 되지 않아요.

여: 왜 잘 되지 않을까요?

남: 모르겠어요. 아마도 내가 화학에 별로 재능이 없는 것 같아요.

여: 자신에게 너무 가혹하지 대하지 마세요.

남: 그럼 어떻게 해야 할까요?

여: 난 실패를 분석하는 것을 통해 성공의 길이 있다고 생각해요.

남: 실패를 분석한다고요? 그게 무슨 말이죠?

여: 실험에서 무엇이 잘못되었는지를 살펴봄으로써, 그것을 제대로 할 수 있어요.

남: 흠. 내 실험이 제대로 되지는 않았지만, 실패로부터 내가 무언가를 배울 수 있다는 말씀이군요?

여: 맞아요. 그것이 어떻게 그리고 왜 제대로 되지 않았는지 이해하면, 당신은 실험에서 성공할 수 있어요.

남: 이제 알겠어요. 실험을 다시 살펴볼게요. 고마워요.

:::: **핵심 표현 학습** ::::

1. Don't be so hard on yourself : 당신에게 너무 가혹하게 대하지 마세요

ex <u>Don't be so hard on yourself</u> for such a small thing. 그런 작은 일로 당신에게 너무 가혹하게 대하지 마세요.

2. What should I do? : 내가 무엇을 해야 할까요?

ex A : <u>What should I do</u> durnig my next vacation? 나는 다음 방학 때 무엇을 해야 할까요?

B : Why don't you join some volunteer works in your hometown? 당신의 마을에서 자원봉사일에 참여하는 건 어때요?

3. figure out : 알아내다, 이해하다

ex It is difficult to <u>figure out</u> what is causing this phenomenon.
무엇이 이 현상을 일으키는 지 알아내는 것은 어려워요.

:::: **핵심 어휘 학습** ::::

chemical reaction experiment	화학 반응 실험	again and again	되풀이해서
chemistry	화학	path	길
analyze	분석하다		

① 직접 만든 **생일 선물**이 **감동**을 준다.

② **생일 파티**는 간소하게 하는 것이 **바람직하다.**

③ 친구에게 주는 **생일 선물**로는 **책**이 유용하다.

④ 받고 싶은 **생일 선물의 목록**을 만드는 것이 **좋다.**

⑤ **생일 축하**는 생일 전에 미리 하는 것이 **의미가 있다.**

남자의 의견	생일 선물, 생일 축하
▶ 비법 1) 남자의 의견 중심	▶ 비법 1) 중심소재

M: Hey, Jane. Your birthday is coming!

W: Yes, it's this Friday, Sam. It's going to be a fun party.

M: I'm so excited to go. Do you have a **birthday wish list?**
　　　　　　　　　　　　　　　　비법 3) 반복어구(a birthday wish list)

W: Do you mean a **list of presents I'd like to receive** for my birthday?

M: Yes. **It would help me** get the right gift for you.
　　　비법 2) 의견

W: I feel **a little uncomfortable** making **a birthday wish list.**
　　비법 4) 매력적 오답주의 (여자의 최종 의견이 아님)　비법 3) 반복어구

M: But it can **keep you from getting** presents that you don't want
　　or need. 비법 2) 충고/의견(막을 수 있다)

W: Well, I guess my friends and family would know what I like.

M: **That can be a problem as well.** Last year, my father gave me a
　　비법 2) 문제제시
　　book for my birthday, and then I received another copy from my
　　grandmother.

W: That's funny. I see what you mean. I'll make **a birthday wish list
　　then.** 비법 3) 반복어구

M: Great, let me know when **your wish list** is ready.
　　　　　　　　　　　비법 3) 반복어구

해석

남: 이봐, Jane. 네 생일이 다가오고 있어!

여: 그래, 이번 금요일이야, Sam. 재미있는 생일 파티가 될 거야.

남: 가게 되어서 너무 신나. 너 생일 선물 목록 가지고 있니?

여: 내 생일에 받고 싶은 선물 목록 말하는 거니?

남: 그래. 그게 있으면 내가 네게 맞는 선물을 준비하는 데 도움이 될 거야.

여: 생일 선물 목록을 만든다는 것이 다소 불편한 느낌이야.

남: 하지만 그렇게 하면 네가 원하지 않거나 필요로 하지 않는 선물을 받는 것을 막을 수 있어

여: 음, 내 친구들과 가족들이 내가 뭘 좋아하는지 알 것이라고 생각해.

남: 그것 또한 문제가 될 수 있어. 작년에 우리 아버지가 내 생일에 책을 한 권 주셨는데, 그러고 나서 할머니에게서 또 한 권을 받았어.

여: 그것 재밌네. 네 말이 무슨 뜻인지 알겠어. 그렇다면 생일 선물 목록을 만들어야겠어.

남: 좋았어, 선물 목록이 준비되면 내게 알려줘.

::::: **핵심 표현 학습** :::::

1. keep A from ~ing : A가 ~ing하는 것을 막다

ex Wearing a mask **keeps you from being** infected with COVID19.
마스크를 끼는 것은 당신이 코로나19에 감염되는 것을 막아준다.

2. as well : 또한, 역시

ex Do you accept the second option **as well**?
당신은 두 번째 선택사항도 또한 받아들이겠나요?

::::: **핵심 어휘 학습** :::::

birthday wish list	(받고 싶은) 생일 선물 목록	present	선물
uncomfortable	불편한		

① **글씨체**를 통해 사람의 성격을 **파악할 수 있다.**

② 컴퓨터 사용이 고객 관리에 **도움이 된다.**

③ **손으로 쓴** 편지는 사람을 **감동시킨다.**

④ 신뢰 관계는 좋은 첫인상에서 **비롯된다.**

⑤ **글쓰기** 능력은 꾸준한 노력을 통해 **향상된다.**

여자의 의견	글씨체, 손으로 쓴 편지, 글쓰기
❯ 비법 1) 여자의 의견 중심	❯ 비법 1) 중심소재

M: What are you doing, Ms. Roberts? Are you **writing a letter by hand?**
                    비법 3) 반복어구(writing a letter by hand)

W: Yes, Mr. Williams. I'm writing thank-you notes to my clients.

M: **Isn't it easier to use a computer?**
    비법 3) 반복어구(writing a letter by hand)

W: Probably, but **I think** people are moved when they get
                비법 2) 의견-해결책 제시

   a hand-written letter, instead of one that's been typed on the

   computer. 비법 3) 반복어구

M: It must take a long time. And you have so many clients.

W: Well, **I think it's worth it**. **A hand-written letter** can give an
          비법 2) 의견-해결책 제시   비법 3) 반복어구

   impression of being taken very special care of.

M: But **I'm still not sure** it's worth the extra effort.
          비법 2) 문제 제기

W: Imagine getting **a hand-written letter** from someone.
              비법 3) 반복어구

   You'd **probably be touched** by their extra effort, wouldn't you?
          비법 2) 의견/문제 해결책 제시

M: **You're right.** I guess I would feel personally connected with
   해결책에 대한 동의

   the writer.

W: That's what I mean. **A hand-written letter** really touches a
             비법 3) 반복어구

   person's heart.

M: Now I get your point.

해석

남: 뭘 하고 계시나요, Roberts 씨? 손으로 편지를 쓰고 계시나요?

여: 네, Williams 씨. 제 고객들에게 감사 편지를 쓰고 있어요.

남: 컴퓨터를 사용하는 것이 더 쉽지 않나요?

여: 아마도요, 하지만 전 사람들이 컴퓨터로 입력한 편지 대신에 손으로 쓴 편지를 받을 때, 감동받을 거라 생각해요.

남: 분명 무척 오랜 시간이 걸릴 텐데요. 그리고 당신은 고객이 매우 많잖아요.

여: 음, 저는 그것이 그럴 가치가 있다고 생각해요. 손으로 쓴 편지는 매우 특별한 관심을 받고 있다는 인상을 줄 수 있어요.

남: 하지만 전 여전히 그것이 별도의 노력을 기울일 가치가 있는지 확실히 모르겠네요.

여: 누군가로부터 손으로 쓴 편지를 받는 것을 상상해 보세요. 당신은 아마도 그 사람이 기울인 별도의 노력에 감동받을 거예요, 그렇지 않겠어요?

남: 당신이 맞아요. 편지를 쓴 사람과 개인적으로 연결되어 있다고 느낄 것 같네요.

여: 내가 말하는 것이 그거예요. 손으로 쓴 편지는 정말 사람의 마음을 감동시켜요.

남: 이제 무슨 말씀인지 알겠어요.

:::: **핵심 표현 학습** ::::

1. It's worth it. : 그것은 그럴만한 가치가 있다

ex Getting some good grade need a lot of hard work but **it's worth it.**

좋은 점수를 얻는데는 많은 힘든 노력이 필요하지만 그것은 그럴만 한 가치가 있다.

2. I get your point. : 당신 말이 무슨 뜻인지 알겠어요

ex **I get your point** about democracy and capitalism.

민주주의와 자본주의에 대한 당신의 말이 무슨 뜻인지 알겠어요.

:::: **핵심 어휘 학습** ::::

probably	아마도	move	감동시키다
impression	인상	personally	개인적으로
touch	감동시키다	a hand written letter	손편지

① 운동과 숙면은 밀접한 관계가 있다.

② **시골** 생활은 **건강**한 삶에 도움이 된다.

③ 규칙적인 식습관은 **장수**의 필수 조건이다.

④ **야외** 활동은 **스트레스 해소**에 효과적이다.

⑤ 가정의 화목은 가족 간의 대화에서 시작된다.

남자의 의견	시골, 건강, 장수, 야외
▶ 비법 1) 남자의 의견 중심	▶ 비법 1) 중심소재

M: Honey, I heard the Smith family moved out **to the countryside**.
  I really envy them.   비법 3) 반복어구(live in the country)

W: Really? Why is that?

M: I think we can stay healthy if we **live in the country**.
        비법 3) 반복어구

W: Hmm, can you be more specific?

M: Here in the city the air is polluted, but it's cleaner **in the country**.
        비법 3) 반복어구

W: **That makes sense** because there're fewer cars.
  비법 2) 문제해결책에 동의

M: Right. And it's less noisy **in the country**, too. We'll be less stressed.
        비법 3) 반복어구

W: I guess we could also sleep better since there isn't constant
  noise at night.

M: Plus, we can even grow our own fruits and vegetables.

W: That'd be nice. We can have a healthier diet.

M: Definitely. **I'm sure country living** will help us enjoy a healthy life.
      비법 2) 의견   비법 3) 반복어구

W: I agree.

해석

남: 여보, Smith 가족이 시골로 이사를 갔다는 이야기를 들었어요. 정말 부러워요.

여: 그래요? 그건 왜죠?

남: 내 생각에는 우리가 시골에 살면 건강을 유지할 수 있을 것 같아요.

여: 음, 좀 더 구체적으로 말할 수 있어요?

남: 여기 도시에는 공기가 오염되어 있지만, 시골에서는 더 깨끗해요.

여: 거기에는 차가 더 적게 있으니 그건 일리가 있는 말이네요.

남: 맞아요. 그리고 시골은 또한 덜 시끄러워요. 스트레스가 더 적을 거예요.

여: 또한 밤에 지속적인 소음이 없기 때문에 잠도 더 잘 잘 수 있을 것 같네요.

남: 게다가, 우리들만의 과일과 채소를 재배할 수도 있어요.

여: 그렇게 하면 좋을 것 같아요. 우린 더 건강한 식단을 가질 수 있을 거예요.

남: 맞아요. 시골 생활이 우리가 건강한 삶을 누리는 데 도움을 줄 거라고 확신해요.

여: 나도 동의해요.

:::: **핵심 표현 학습** ::::

1. That makes sense. : 그건 일리가 있네요

ex A : I think it is important for children to have enough free time as well.
  나는 아이들도 또한 충분한 자유 시간을 가지는 것이 중요하다고 생각해요.

  B : **That makes sense**.
  그건 일리가 있어요.

2. That would be nice. : 그렇게 하면 좋을 것 같아요

ex A : Why don't we have a little break?
  약간 쉬는건 어때요?

  B : **That would be nice**.
  그게 좋을 것 같아요.

:::: **핵심 어휘 학습** ::::

specific	구체적인	pollute	오염시키다
constant	지속적인		

1 ⟫⟫⟫   feed | Why do you think so | wildlife | keep that in mind

2 ⟫⟫⟫   Can you help me with | effectively | That's good | I got it

3 ⟫⟫⟫   chemical reaction experiment | Don't be so hard on yourself | what should I do | figure out

4 ⟫⟫⟫   birthday wish list | uncomfortable | keep you from | as well

5 ⟫⟫⟫   moved | it's worth it | personally | I get your point

6 ⟫⟫⟫   specific | That makes sense | constant | That'd be nice

(3) 실전 연습 문제

1 답 : ⑤ (2018년 9월 평가원)   본문 p24

W: Mr. Brown, how do you like our auditorium?

M: It's great for **my first solo concert,** Ms. Anderson.
비법 1) 직업/신분관련어휘

W: Good. My staff and I have worked hard to make everything
perfect. **Is there anything to adjust?**
비법 2) 상황에 대한 질문

M: Well, **I'd like the piano closer to the audience.** Then, it'll feel
비법 2) 직업관련행동
like I'm interacting with them more.

W: No problem. **How about the lights?**
비법 3) 주변적인 내용 질문

M: **They're perfect, not too bright or dark**.
비법 3) 주변적인 내용 답변(오답)

W: Great. **Anything else?**
비법 2) 상황에 대한 질문

M: **I played this piano** before you came in. I think I need some
비법 2) 직업관련행동
time to get familiar with it before the rehearsal.

W: I understand. **I've been managing this auditorium for ten years**
비법 2) 직업관련행동
and I've seen other musicians have the same issue.

M: So, **can I practice with the piano** tomorrow morning?
비법 2) 직업관련행동

W: Yes. I'll tell my staff to open the auditorium from 9 a.m.

M: Thank you.

해석

여: Brown 씨, 우리 강당이 마음에 드세요?

남: 저의 단독 콘서트를 하기에는 훌륭합니다. Anderson씨.

여: 다행이네요. 저희 직원과 저는 모든 것을 완벽히 하기 위해 열심히 노력했습니다. 조정할 것이 있나요?

남 : 음, 피아노가 청중들 쪽으로 더 가까이 있으면 좋겠네요. 그러면 제가 그들과 더 많이 상호작용을 할 것처럼 느껴집니다.

여: 그러시죠. 조명은요?

남 : 그것들은 너무 밝지도 않고 어둡지도 않아 완벽합니다.

여 : 좋습니다. 다른 것은요?

남 : 당신이 들어오기 전에 이 피아노를 연주했습니다. 제 생각에는 예행연습 전에 그 것에 익숙해지기 위해서는 시간이 약간 필요할 것 같네요.

여 : 알겠습니다. 저는 이 강당을 10년째 관리하고 있는데 다른 음악가들도 같은 문제를 가지고 있는 것을 보았습니다.

남 : 그러면 내일 오전에 피아노 연습을 할 수 있을까요?

여 : 그러시죠. 직원들에게 오전 9시부터 강당을 개방하도록 말해 놓겠습니다.

남 : 감사합니다.

:::: **핵심 표현 학습** ::::

1. How do you like (동)명사? : ~은 마음에 드세요?

ex A : **How do you like** your new school? 새로운 학교는 마음에 드세요?
   B : It is not bad. 나쁘지 않아요.

2. interact with 명사 : ~과 상호작용하다

ex It is important to **interact with** each other in life. 살아가면서 서로 상호작용하는 것은 중요하다.

3. get familiar with (동)명사 : ~에 익숙해지다

ex They want to **get familiar with** the online class. 그들은 온라인 수업에 익숙해지기를 원한다.

:::: **핵심 어휘 학습** ::::

auditorium	강당	closer to	~에 가까운
manage	관리하다		

[Cell phone rings.]
W: Hello.
M: Hello, Ms. Monroe. This is John Brown.
　　I'm calling to invite you to a special event.
W: Oh, thank you for calling. **What's the event?**
　　　　　　　　　　　　　　비법 2) 상황에 대한 질문
M: **Our museum will hold an exhibition** of antique items, including
　　비법 1) 직업/신분관련어휘
　　the old pictures and tools **you donated,** under the theme *Life in the*
　　*1800s.*비법 2) 직업관련행동
W: That's wonderful. **When is it?**
　　　　　　　　　　　비법 2) 상황에 대한 질문
M: It'll be from December 3rd to 7th. And it's all thanks to generous
　　people like you.
W: It's my pleasure. I want **my donation** to help people learn
　　about the past.　　　　비법 2) 직업관련행동
M: Thank you. The antique items you donated have really improved
　　our collection.
W: I'm glad to hear that. I'm looking forward to visiting the exhibition.
M: **I'll send you the invitation letter** soon.
　　비법 2) 직업관련행동
W: Great. I'll be waiting for it.
M: Again, **on behalf of our museum**, we appreciate **your donation.**
　　　　비법 1) 직업/신분관련어휘　　　　　　비법 1) 직업/신분관련 어휘

해석
[핸드폰이 울린다.]
여: 여보세요.
남: 안녕하세요, Monroe 선생님. 저는 John Brown입니다. 특별한 행사에 초대하려고 전화를 드렸습니다.
여: 오, 전화해 주셔서 고맙습니다. 행사가 뭔가요?
남: 저희 박물관에서 선생님께서 기증해 주신 오래된 그림과 도구 등을 포함하여 '1800년대의 생활'이라는 주제로 골동품 전시회를 열 예정입니다.
여: 멋지군요. 언제지요?
남: 12월 3일부터 7일까지입니다. 그리고 그 모든 것이 선생님같이 관대한 분들 덕택입니다.
여: 오히려 제가 기쁩니다. 제가 기증한 것이 사람들에게 과거에 대하여 알도록 도움을 주었으면 합니다.
남: 감사합니다. 선생님께서 기증해 주신 골동품 때문에 저희 소장품이 정말로 훌륭해졌습니다.
여: 그 말씀을 들으니 기쁘군요. 그 전시회에 가는 것을 고대하겠습니다.
남: 곧 초대장을 보내 드리겠습니다.
여: 좋습니다. 기다리고 있겠습니다.
남: 다시 한 번 저희 박물관을 대표하여 선생님의 기증에 대하여 감사드립니다.

:::: **핵심 표현 학습** ::::

1. thanks to 명사 : ~덕분에

ex A : **Thanks to** your help, I've done it on time.
　　　당신이 도와준 덕분에 시간 안에 끝낼수 있었어요.

　B : It's not a big deal.
　　　별거 아니에요.

2. on behalf of 명사 : ~을 대신하여, ~을 대표하여

ex **On behalf of** all the students, he will get the prize.
　모든 학생들을 대신하여, 그가 상을 받을 것이다.

:::: **핵심 어휘 학습** ::::

antique	골동품	donate	기부하다
generous	관대한	appreciate	감사하다

W: Mr. Thomson. Thank you for **your demonstration.** I learned a lot today.
　　　　　　　　　　　　　비법 1) 직업/신분관련어휘

M: Glad to hear that. Everyone should know what to do in emergencies.

W: Right. Can I ask you some questions? I'm thinking of getting a job in your field after graduation.

M: Sure. Go ahead.

W: **Fighting fires is your main duty.** But what other things do you do?
　　비법 2) 직업관련행동

M: One thing we do is search for and **rescue people** during
　　　　　　　　　　　　　비법 2) 직업관련행동

natural disasters like floods.

W: Wonderful. I'd love to learn more.

M: Well, we provide a job experience program for high schoolers on weekday afternoons **at our fire station.**
　　　　　　　　　　비법 1) 직업/신분관련어휘

W: Really? I think **I have time after school**. What would I do there?
　　　　　　　　　　비법 1) 직업/신분관련어휘

M: You'll practice how to use various equipment for **extinguishing fires.**
　　　　　　　　　　　　　비법 2) 직업관련행동

You can also check out the fire trucks.

W: Sounds great. How do I sign up?

M: **Your teacher** has some pamphlets, so you can ask her.
　　비법 1) 직업/신분관련어휘

해석

여: Thomson 씨. 시범을 보여 주셔서 감사합니다. 오늘 많이 배웠어요.

남: 그 말을 들으니 기쁘군요. 누구나 비상시에 어떻게 해야 하는지 알아야 해요.

여: 맞아요. 몇 가지 질문을 할 수 있을까요? 졸업 후 선생님께서 종사하시는 분야에서 일자리를 얻을까 생각 중이에요.

남: 그러시죠. 말씀해 보세요.

여: 불을 끄는 게 첫 번째 임무지요. 하지만 어떤 다른 일을 하시나요?

남: 홍수와 같은 자연재해가 있을 때 사람들을 찾아 그들을 구조하는 것이 저희가 하는 한 가지 일이에요.

여: 놀랍군요. 더 배우고 싶어요.

남: 음, 저희 소방서에서 평일 오후에 고등학생을 위해 직업 체험 프로그램을 제공하고 있어요.

여: 정말요? 방과 후에 시간이 있을 것 같아요. 거기서 제가 무엇을 하게 될까요?

남: 화재를 진화하기 위해 다양한 장비 사용법을 실습할 거예요. 소방차도 확인해 볼 수 있고요.

여: 아주 좋네요. 어떻게 신청하나요?

남: 학생의 선생님께서 팸플릿을 몇 장 가지고 계시니 선생님께 요청할 수 있어요.

:::: **핵심 표현 학습** ::::

1. be thinking of (동)명사 : ~을 생각중이다

ex I **am thinking of** changing my job. 난 이직을 생각중이다.

2. What other things do you do? : 어떤 다른 일을 하시나요?

ex A : **What other things do you do?** 어떤 다른 일을 하시나요?

B : I sometimes maintain a garden. 가끔 정원을 관리합니다.

3. How do I sign up? : 어떻게 신청하나요?

ex A : **How do I sign up?** 어떻게 신청하나요?

B : You can download the application form from our website. 신청서를 저희 홈페이지에서 다운받으시면 됩니다.

:::: **핵심 어휘 학습** ::::

demonstration	시범	emergency	비상사태
duty	임무	extinguish	불을 끄다

M: We're all finished, Ms. Johnson.

W: How was **the operation?** I'm worried about **my son.**
       비법 1) 직업/신분관련어휘   비법 1) 직업/신분관련어휘

M: Don't be. **I specialize in** this kind of **knee surgery.** It went very
   well.   비법 2) 직업관련행동

W: Thank you. I'm so relieved. How long will he have to stay in
   the hospital? 비법 1) 직업/신분관련어휘

M: I think he can return home in two weeks.

W: Can he **go back to school** then?
       비법 3) 부수적인 내용(오답)

M: Yes, he can. But he should be very careful, though.
   He shouldn't **run or play soccer** for the next few months.
       비법 3) 부수적인 내용(오답)

W: Of course. I'll make sure of that.

M: And he should visit me every week for the next two months
   during his recovery.

W: Yes, he will. Thank you for everything.

해석

남: 모두 마쳤습니다, Johnson 씨.

여: 수술은 어떻게 되었나요? 제 아들이 걱정돼요.

남: 걱정 마세요. 저는 이런 종류의 무릎 수술을 전문으로 합니다. 아주 잘 되었습니다.

여: 감사합니다. 정말 안심이 되네요. 병원에 얼마나 오래 있어야 할까요?

남: 2주 내에 귀가할 수 있을 것이라고 생각합니다.

여: 그때 학교로 돌아갈 수 있을까요?

남: 네, 갈 수 있습니다. 하지만 그래도 매우 주의해야 합니다. 그는 다음 몇 달 동안 뛰거나 축구를 해서는 안 됩니다.

여: 물론이에요. 제가 그 점을 확실히 할게요.

남: 그리고 그는 회복하는 다음 두 달 동안 매주 저에게 와야 합니다.

여: 네, 그럴 거예요. 모든 것에 감사드려요.

:::: **핵심 표현 학습** ::::

1. be worried about (동)명사 : ~을(에 대해) 걱정하다

ⓔ The man **is worried about** losing his job.
그는 실직하는 것에 대해 걱정한다.

2. specialize in (동)명사 : ~을 전문(전공)으로 하다

ⓔ We **specialize in** the manufacture of bags.
우리는 가방 제조를 전문으로 합니다.

3. make sure of (동)명사 : ~을 확실히 하다, 확인하다

ⓔ You should **make sure of** the statements.
넌 진술서를 확인해야만 한다.

:::: **핵심 어휘 학습** ::::

operation	수술	surgery	수술
relieved	안심하는	recovery	회복

[Cell phone rings.]

W: Hi, Mr. Parker.

M: Hi, Ms. Jones. I'm so glad you agreed to **give a special lesson** to my literature class.
　　　　　　　　　　　　　　　비법 2) 직업관련행동

W: My pleasure. **You said you have 20 students**. Is there anything
　　　　　　　　비법 2) 직업관련행동
special you'd like me to do?

M: Well, they've read **your poems in my class.** Could you read some a loud and explain their meaning? 비법 1) 직업/신분관련어휘

W: Sure thing. I could explain **my writing process**, too.
　　　　　　　　　　　　　　비법 1) 직업/신분관련어휘

M: Great. Also, **my students** wrote poems.
　　　　　　　비법 1) 직업/신분관련어휘
Maybe you could hear some of them.

W: Absolutely. And I'd like to give a signed copy of **my latest poetry**
　　　　　　　　　　　　　　　　　　　비법 1) 직업/신분관련어휘
book to each of **your students.** 비법 1) 직업/신분관련어휘

M: Oh, thank you. That would be such a meaningful gift.

W: So, when should I arrive at **your high school?**
　　　　　　　　　　　　　비법 1) 직업/신분관련어휘

M: Could you come by 3 p.m.? I'll meet you in the lobby.

W: Okay. I'll be there.

해석

[휴대 전화가 울린다.]

여: 안녕하세요, Parker 선생님.

남: 안녕하세요, Jones 선생님. 제 문학 반 학생들에게 특별 강연을 하는 것에 동의해주셔서 매우 기쁩니다.

여: 제가 기쁩니다. 20명의 학생이 있다고 하셨지요. 제가 하기를 바라는 특별한 어떤 것이 있습니까?

남: 음, 학생들이 제 수업에서 선생님의 시를 읽었습니다. 몇 편 낭독하신 후 그것의 의미를 설명해 주실 수 있을까요?

여: 그럼요. 제 글쓰기 과정도 또한 설명할 수 있습니다.

남: 좋습니다. 또한, 제 학생들이 시를 썼습니다. 어쩌면 그중 몇 편을 들으실 수도 있을 겁니다.

여: 물론이지요. 그리고 서명이 된 제 최신 시집을 선생님의 학생 모두에게 주고 싶습니다.

남: 오, 감사합니다. 그것은 매우 의미 있는 선물이 될 겁니다.

여: 그런데, 제가 선생님의 고등학교에 언제 도착해야 하나요?

남: 오후 3시까지 와주실 수 있나요? 로비에서 만나 뵙겠습니다.

여: 좋습니다. 그곳에 있겠습니다.

:::: **핵심 표현 학습** ::::

1. be glad (that) 주어+동사 : ~을 기뻐하다

ex He **was so glad that** his kids were safe. 그는 아이들이 안전한 것에 무척 기뻐했다.

2. agree to 동사원형 : ~하는 것에 동의하다

ex You must **agree to** provide your personal information. 당신의 개인정보 제공에 동의해야만 합니다.

3. give a lesson : 강연하다, 수업하다

ex The teacher will **give a** language **lesson** to us. 선생님은 우리에게 언어수업을 하실 것이다.

:::: **핵심 어휘 학습** ::::

literature	문학	poem	시
absolutely	그럼, 물론이지	meaningful	의미 있는, 중요한

W: Jack, I've been waiting with these clothes for you. **You're going on air** in 30 minutes.   비법 2) 직업관련행동

M: Sorry, Amy. It took longer than usual to organize the weather data and write **my script** for the weather broadcast.
비법 3) 주변적인내용   비법 1) 직업/신분관련어휘

W: I was worried you might be late for the **live weather report.**
          비법 1) 직업/신분관련어휘

M: I'm ready. **What am I wearing today?**
       비법 2) 직업관련행동

W: **I suggest this gray suit with a navy tie.** 비법 2) 직업관련행동

M: Okay. I'll go get dressed.

W: Wait. **Put on these glasses**, too.
         비법 2) 직업관련행동

    They'll give you a more professional look.
    비법 2) 직업관련행동

M: Whatever you say. **I can always count on you when it comes to clothing and style.** 비법 2) 직업관련행동

W: That's what I'm here for. By the way, thanks to **your weather forecast** yesterday, I was prepared for the sudden showers this morning. 비법 1) 직업/신분관련어휘

M: I did say there was an 80% chance of rain in the morning.

W: Yes, you did. Now, go get changed.

해석

여: Jack. 당신을 위해 이 의상을 가지고 기다리고 있었어요. 30분 후에 방송에 출연할 거예요.

남: 미안해요, Amy. 기상 자료를 정리하고 기상 방송을 위해 대본을 쓰느라 평소보다 시간이 더 걸렸어요.

여: 전 당신이 생방송 일기 예보에 늦을까 봐 걱정했어요.

남: 전 준비됐어요. 제가 오늘은 뭘입지요?

여: 이 회색 정장에 짙은 남색 넥타이를 권해요.

남: 알았어요. 옷을 입으러 갈게요.

여: 잠깐만요. 이 안경도 쓰세요. 그게 보다 전문적인 인상을 줄 거예요.

남: 당신이 하라는 대로 할게요. 옷과 스타일에 관한 한 전 항상 당신을 믿을 수 있어요.

여: 그게 제가 여기 있는 이유지요. 그나저나, 어제 일기 예보 덕분에 저는 오늘 아침에 갑작스런 소나기에 대비했어요.

남: 아침에 비가 올 확률이 80%라고 제가 실제로 말했지요.

여: 네, 그랬어요. 이제 옷을 갈아입으러 가세요.

:::: **핵심 표현 학습** ::::

1. go on air : 방송하다

ex You might **go on air** tonight. 당신은 오늘밤 방송에 나갈지도 몰라요.

2. count on (동)명사 : ~에 의존하다

ex She always **count on** her mother.
그녀는 항상 엄마에게 의존한다.

3. when it comes to (동)명사 : ~에 있어서는, ~에 관해서라면

ex **When it comes to** studying, the student is so smart. 공부에 있어서라면, 그 학생은 매우 영리하다.

4. That's what I'm here for. : 그게 제가 여기 있는 이유입니다

ex A : I need some advice for solving the problem. 나는 그 문제를 해결하기 위해 조언이 필요해요.
    B : **That's what I'm here for.** 그게 내가 여기 있는 이유에요.

:::: **핵심 어휘 학습** ::::

organize	정리하다	broadcast	방송
shower	소나기	chance	확률, 가능성

1 >>> how do you like   closer to   interacting with   get familiar with

2 >>> donated   thanks to   It's my pleasure   on behalf of

3 >>> demonstration   thinking of   what other things do you do?   How do I sign up?

4 >>> operation   worried about   specialize in   make sure of

5 >>> so glad   give a special lesson   Absolutely   meaningful

6 >>> going on air   organize   That's what I'm here for   chance

(3) 실전 연습 문제

1 답 : ④ (2019년 9월 평가원)   본문 p31

W: Dad! Do you remember this picture?

M: Wow, it's an old photo. When was it taken? Were you thirteen?

W: I think so. I love the **two birds flying in the sky.**
　　　　　　　　　　　비법 2) 선택지 어휘　비법 3) 특정위치

M: Yeah, it was a really beautiful day. Oh, I remember **the hat** you're
　　wearing in the picture.　　　　　　비법 2) 선택지 어휘

W: Yes, you bought it for my birthday. It was my favorite hat that summer.

M: And there's **a book** next to the bag.
　　　　비법 2) 선택지 어휘 비법 3) 특정위치(그림 내용 불일치)

　　You always brought a book wherever you went.

W: Right. Look at our **dog**, Sparky! He's **running around the beach**.
　　　　　비법 2) 선택지 어휘　　　　비법 3) 특정위치(그림 내용 불일치)

M: He's such a good dog.

W: Oh, there's a **sandcastle under the tree.**
　　　　　비법 2) 선택지 어휘 비법 3) 특정위치

M: It's lovely. Somebody must have enjoyed making it.

W: We had so much fun. We should go back there someday.

M: That would be great.

해석

여: 아빠! 이 사진 기억나세요?

남: 와, 오래된 사진이구나. 그것을 언제 찍었니? 네가 열 세 살이었니?

여: 그렇게 생각해요. 저는 하늘에 날고 있는 저 두 마리 새가 좋아요.

남: 그래, 정말 아름다운 날이었어. 오, 나는 네가 사진 속에서 쓰고 있는 그 모자가 기억나는구나.

여: 그래요, 아빠가 제 생일 때 사주셨어요. 그것은 그 해 여름 제가 제일 좋아하는 모자였어요.

남: 그리고 가방 옆에 책이 한 권 있구나. 너는 어디를 가든 항상 책을 가져갔지.

여: 맞아요. 우리 개 Sparky를 보세요! 해변 주위를 뛰어다니고 있어요.

남: 참 좋은 개지.

여: 오, 나무 아래 모래성이 있어요.

남: 근사하구나. 누군가가 그것을 만드는 것을 즐겼을 거야.

여: 우리는 너무나 즐거웠어요. 언젠가 그곳에 다시 가야겠어요.

남: 그러면 멋지겠구나.

:::: **핵심 표현 학습** ::::

1. I think so. : 전 그렇게 생각해요
ex A : Do you think he can do it? 당신은 그가 그것을 할 수 있다고 생각하나요?
　 B : I think so. 전 그렇게 생각해요.

2. such a 형용사 + 명사 : 참(꽤) [형용사]한 [명사]
ex It is such a nice gift. 그것은 꽤 좋은 선물이다.

3. must have pp : ~였음에 틀림없다
ex The man must have changed. 그 남자는 변했음에 틀림없다.

:::: **핵심 어휘 학습** ::::

| wear | 쓰다, 입다 | next to | ~옆에 |
| wherever | 어디를 가든지 | sandcastle | 모래성 |

M: Honey, Aunt Sophie just called me and said we can stay at her house next weekend.

W: Wonderful. I really like the family room there.

M: She said she rearranged it and emailed me a photo.
    [Clicking sound] Here. Look.

W: Wow, **the curtains on the window** are pretty. I like **their star pattern.**
         비법 2) 선택지 어휘   비법 3)특정위치   비법 4) 세부특징

M: That's her favorite style.

W: Do you see **the chair next to the sofa?** It looks comfortable.
        비법 2) 선택지 어휘   비법 3) 특정위치

M: Maybe we should get one like that.

W: Good idea.

M: What do you think of **the vase between the lamp and the book?**
          비법 2) 선택지 어휘   비법 3) 특정위치

W: Oh, it's lovely. I also like **the flowers in the vase.**
          비법 2) 선택지 어휘   비법 3) 특정위치

M: Wait. I know those **two candles on the fireplace.**
           비법 2) 선택지 어휘   비법 3) 특정위치
    They were our gift for her birthday.

W: That's right. Hey, look at **the round mirror on the wall.**
          비법 2) 선택지 어휘(그림 내용 불일치)   비법 3) 특정위치

M: It looks cute. I can't wait to see it all in person.

해석

남: 여보, Sophie 숙모께서 방금 내게 전화해서 우리가 다음 주말에 그녀의 집에서 머물 수 있다고 말했어요.

여: 아주 좋아요. 난 거기 가족 방이 정말 맘에 들어요.

남: 숙모가 그 방을 재배치했다고 하면서 내게 이메일로 사진을 보내줬어요. [클릭하는 소리] 여기요. 봐요.

여: 와, 창문 커튼이 예쁘네요. 커튼의 별무늬가 맘에 들어요.

남: 그건 그녀가 가장 좋아하는 스타일이지요.

여: 소파 옆에 의자 보세요? 편안해 보여요.

남: 아마 우리도 그와 같은 것을 사야겠어요.

여: 좋은 생각이에요.

남: 램프와 책 사이의 꽃병은 어떻게 생각해요?

여: 아, 멋져요. 난 꽃병에 있는 꽃도 맘에 들어요.

남: 잠깐만요. 벽난로 위의 저 양초 두 개를 알겠어요. 그건 그녀 생일 때 우리가 준 선물이었지요.

여: 맞아요. 어머나, 벽에 걸린 둥근 거울을 보세요.

남: 귀여워 보이네요. 어서 그 모든 것을 직접 보고 싶어요.

:::: **핵심 표현 학습** ::::

1. What do you think of (동)명사? : ~은 어떻게 생각하세요?

ⓔⓧ **What do you think of** the movie? : 그 영화에 대해 어떻게 생각하세요?

2. can't wait to 동사원형 : 어서(빨리) ~하고 싶다, ~하기를 기다릴 수 없다

ⓔⓧ We **can't wait to** eat it. 우리는 그것을 빨리 먹고 싶습니다.

3. in person : 직접

ⓔⓧ I want to see them **in person**. 전 그들을 직접 보고 싶어요.

:::: **핵심 어휘 학습** ::::

rearrange	재배열하다	pattern	무늬
vase	꽃병	fireplace	벽난로

M: Hello, Susan. How was the pet cafe you visited yesterday?

W: Hi, Sam. It was wonderful. Look at this picture I took there.

M: Okay. Oh, **the dog next to the counter** looks sweet. Is it yours?
  비법 2) 선택지 어휘 비법 3) 특정위치

W: No. He's the cafe owner's.

M: I'd love to play with the dog.

W: Yeah, we should go together. Check out the **flowerbed**
               비법 2) 선택지 어휘

  between the trees. Isn't it beautiful?
  비법 3) 특정위치

M: It really is. And I see many good photo spots here.

W: You know my favorite spot? It's the **mug sculpture**
  that has a star pattern on it. 비법 2) 선택지 어휘
  비법 4) 세부특징(그림 내용 불일치)

M: I like it. It makes the cafe unique. Hmm, what are **these balls**
  in the basket?   비법 2) 선택지 어휘
  비법 3) 특정위치

W: People can use them to play catch with their dogs.

M: Sounds fun. By the way, there are **only two tables.**
  Don't they need more? 비법 4) 세부특징 비법 2) 선택지 어휘

W: Well, they need space so pets can run around.

M: I see. It looks like a great place to visit.

해석

남: 안녕하세요, Susan. 어제 방문하신 애완동물 카페는 어땠나요?

여: 안녕하세요, Sam. 매우 좋았어요. 거기서 제가 찍은 이 사진을 보세요.

남: 알겠습니다. 아, 계산대 옆에 있는 개가 멋지네요. 당신 개인가요?

여: 아닙니다. 카페 주인의 개입니다.

남: 그 개와 놀고 싶네요.

여: 네, 함께 가시지요. 나무 사이에 있는 화단을 보세요. 아름답지 않나요?

남: 정말 아름답습니다. 그리고 여기에 사진 찍기에 좋은 장소가 많이 보이네요.

여: 제가 제일 좋아하는 장소 아세요? 별 모양이 하나 있는 머그잔 조각이에요.

남: 그것 맘에 드네요. 그것이 카페를 독특하게 해주고 있어요. 흠, 바구니에 있는 이 공들은 뭔가요?

여: 사람들이 그것들을 사용해 자신의 개들과 잡기 놀이를 할 수 있어요.

남: 재밌을 것 같습니다. 그런데, 테이블이 2개밖에 없네요. 더 필요하지 않나요?

여: 음, 애완동물들이 뛰어다닐 수 있도록 공간이 필요하거든요.

남: 알겠습니다. 방문하기에 좋은 장소인 것 같네요.

:::: **핵심 표현 학습** ::::

1. I'd love to 동사원형 : 나는 ~하고 싶다

ex **I'd love to** go to the party.
 난 그 파티에 가고 싶다.

2. by the way : 그런데 (화제전환)

ex A : **By the way,** what time is it now?
  그런데, 지금 몇 시예요?

 B : It's ten o'clock.
  10시예요.

:::: **핵심 어휘 학습** ::::

pet cafe	애완동물 카페	counter	계산대
flowerbed	화단	sculpture	조각

M: Mom, I think the backyard is ready for Dad's birthday party.

W: Really? Let's see.

M: [Pause] I hung **a screen between the trees.**
　　　　　　　　비법 2) 선택지 어휘　　비법 3) 특정위치

W: That's nice.

M: I think he'll enjoy watching our old family videos there.

W: I'm sure he will. Oh, did you buy **the heart-shaped cake on the table?**
　　　　　　　비법 4) 세부특징　비법 2) 선택지 어휘　비법 3) 특정위치

M: Yes. I got it from Dad's favorite bakery.

W: He'll love it. What are the **two boxes under the chair?**
　　　　　　　　비법 4) 세부특징　비법 2) 선택지 어휘　비법 3) 특정위치

M: They're gifts from Grandma and Grandpa.

W: How nice of them. Hmm. I think **the striped mat**
　　　　　　　　비법 4) 세부특징(그림 내용 불일치)　비법 2) 선택지 어휘

　　on the grass is too small. We cannot all sit there.
　　비법 3) 특정위치

M: You're right. I'll bring more chairs.

W: Good idea. And you put **the grill next to the garden lamp.**
　　　　　　　　비법 2) 선택지 어휘　　비법 3) 특정위치

M: Yeah. As you know, Dad loves barbecue.

W: Right. We're almost ready for the party.

해석

남: 엄마, 뒤뜰이 아빠 생신 파티를 위한 준비가 다 된 것 같아요.

여: 정말? 어디 보자.

남: [잠시 후] 나무들 사이에 스크린을 걸었어요.

여: 좋구나.

남: 아빠께서 거기서 오래된 우리 가족 비디오를 보는 것을 좋아하실 것 같아요.

여: 분명히 그러실 거야. 오, 테이블 위의 하트 모양 케이크를 네가 샀니?

남: 예. 아빠가 좋아하시는 빵집에서 샀어요.

여: 아빠가 좋아하실 거야. 의자 아래의 상자 두 개는 뭐지?

남: 그것들은 할아버지와 할머니가 보내신 선물이에요.

여: 정말 좋으신 분들이야. 흠, 내 생각에는 잔디 위의 줄무늬 매트가 너무 작은 것 같구나. 우리가 모두 다 거기에 앉을 수 없겠다.

남: 맞아요. 의자를 더 가져올게요.

여: 좋은 생각이야. 그리고 정원 램프 옆에 그릴을 놓았구나.

남: 예. 아시다시피 아빠는 바비큐를 좋아하세요.

여: 맞아. 파티를 위한 준비가 거의 다 된 것 같구나.

:::: **핵심 표현 학습** ::::

1. Let's see : 어디보자

ex A : I don't know what I should take for the camping. 그 캠핑에 무엇을 가져가야 할지 모르겠어요.

　B : <u>Let's see</u>. I can help you with that. 어디보자. 내가 도와줄 수 있어요.

2. How nice of 목적어 to 동사원형 : ~하다니 [목적어]는 정말 친절하군요

ex <u>How nice of</u> you to help him. 그를 돕는 것을 보니, 당신은 정말 친절하십니다.

3. be ready for (동)명사 : ~을 위한 준비가 되다

ex They <u>are ready for</u> the test. 그들은 시험을 위한 준비가 되어있다.

:::: **핵심 어휘 학습** ::::

hang	걸다	heart-shaped	하트 모양의
striped	줄무늬의	grass	잔디

W: Hi, David. How was your picnic with your family on the weekend?

M: It was good. Do you want to see a picture I took?

W: Sure. [Pause] Wow, your son has grown a lot.

M: He sure has. He just turned 11 years old.

W: Time flies. **The drone on top of the box** must be his.
　　　　　　　비법 2) 선택지 어휘　비법 3) 특정위치

M: Yeah. He brings it with him everywhere.

W: I see. Oh, there are **three bicycles.**
　　　　　　　　　　비법 4) 세부특징　비법 2) 선택지 어휘

M: Yes. We love riding bicycles these days.

W: That's good. I like that **checkered-patterned mat.**
　　　　　　　　　　　비법 4) 세부특징　비법 2) 선택지 어휘

M: That's my wife's favorite pattern. Do you recognize that **heart-shaped cushion?**
　비법 4) 세부특징　비법 2) 선택지 어휘

W: Of course. We each got that cushion from our company last year.

M: Right. My wife loves it.

W: Me, too. Oh, I guess your wife did **the bird painting on the canvas.**
　　　　　　　　　　　　　　　비법 4) 세부특징(그림 내용 불일치)
　비법 3) 특정위치

M: Uh-huh. We all had a great time.

해석

여: 안녕, David. 주말에 가족들과 소풍은 어떠했니?

남: 좋았어. 내가 찍은 사진을 볼래?

여: 물론이지. [잠시 후] 와, 네 아들이 많이 컸구나.

남: 정말 그렇지. 그 애는 막 11살이 됐어.

여: 세월이 빨라. 상자 위에 있는 드론은 틀림없이 그의 것이구나.

남: 응. 그 애는 어디든 그것을 가지고 다녀.

여: 그렇구나. 아, 자전거가 세 대 있네.

남: 응. 우리는 요즘 자전거 타는 것을 아주 좋아해.

여: 그거 좋네. 난 저 체크무늬 매트가 마음에 들어.

남: 그건 내 아내가 가장 좋아하는 무늬야. 저 하트 모양의 쿠션 알아보겠니?

여: 물론이지. 우리는 작년에 회사에서 그 쿠션을 각자 받았지.

남: 맞아. 내 아내는 그것을 아주 좋아해.

여: 나도. 아, 네 아내가 캔버스에 새 그림을 그렸나 본데.

남: 응. 우리는 모두 즐거운 시간을 보냈어.

:::: 핵심 표현 학습 ::::

1. turn ~ years old : ~살이 되다

ex He **turns** 12 **years old** in May.
그는 5월에 12살이 된다.

2. must be : ~임에 틀림없다

ex She **must be** very happy.
그녀는 매우 행복할 것임에 틀림없다.

3. have a great time : 즐거운(좋은)시간을 보내다

ex Did you **have a great time**?
즐거운 시간 보내셨나요?

:::: 핵심 어휘 학습 ::::

drone	드론	everywhere	어디든지
checkered-patterned	체크무늬의	recognize	알아차리다

M: Honey, I found a restaurant for our wedding anniversary.

W: Great. Is that their website?

M: Yeah. Take a look at this photo.

W: Wow! There's **a piano on the stage.**
　　　　　　비법 2) 선택지 어휘　　비법 3) 특정위치

M: Yes. They have live performances on weekends.

W: That's wonderful. I like **the star-shaped light**
　　　　　　　　　　　　비법 4) 세부특징　　비법 2) 선택지 어휘

　　hanging from the ceiling.
　　비법 3) 특정위치

M: Yeah. It glows beautifully. What do you think of the **two**
　　pictures on the wall?　　　　　　　비법 4) 세부특징
　　비법 2) 선택지 어휘　비법 3) 특정위치

W: They're nice. They add to the atmosphere.
　　Honey, which table should we sit at?

M: How about **the round table between the rectangular ones**?
　　　　　　비법 4) 세부특징　　비법 2) 선택지 어휘　　비법 3) 특정위치

W: I love it. It looks pretty, and it's the perfect place to watch a performance.

M: Sure. Look! I like **the striped curtains on the window.**
　　　　　비법 4) 세부특징(그림 내용 불일치)　　비법 2) 선택지 어휘　　비법 3) 특정위치

W: Yeah, I like the striped pattern, too.

M: I'm glad you like the restaurant. I'll make a reservation.

해석

남: 여보, 우리 결혼기념일을 위한 음식점을 찾았어요.

여: 멋지군요, 그것이 그 웹사이트예요?

남: 그래요. 이 사진을 보세요.

여: 와! 무대 위에 피아노가 있군요.

남: 그래요. 주말에는 라이브 공연이 있어요.

여: 훌륭하군요. 천정에 달린 별 모양 전등이 마음에 들어요.

남: 그렇군요, 아름답게 빛나는군요. 벽에 걸린 그림 두 점은 어떻게 생각해요?

여: 좋아요. 그것들이 분위기를 더해 주네요. 여보, 우리 어느 테이블에 앉을까요?

남: 직사각형 테이블 사이에 있는 둥근 테이블이 어때요?

여: 마음에 들어요. 예뻐 보이기도 하고, 공연을 보기에 완벽한 장소이기도 해요.

남: 틀림없어요. 저기 보세요! 창문의 줄무늬 커튼이 좋군요.

여: 그래요. 나도 줄무늬가 마음에 들어요.

남: 음식점이 마음에 든다니 기쁘군요. 예약할게요.

:::: **핵심 표현 학습** ::::

1. take a look at 명사 : ~을 보다

ⓔⓧ **Take a look at** the page.
　　그 페이지를 보세요.

2. make a reservation : 예약하다

ⓔⓧ She **made a reservation** a week ago.
　　그녀는 일주일 전에 예약했다.

:::: **핵심 어휘 학습** ::::

wedding anniversary	결혼기념일	atmosphere	분위기
glow	빛나다	rectangular	직사각형의

1. I think so | next to | such a good dog | must have enjoyed

2. rearranged | What do you think of | can't wait | in person

3. counter | I'd love to | sculpture | By the way

4. Let's see | heart-shaped | How nice of | ready for

5. turned | must be | checkered-patterned | had a great time

6. Take a look at | atmosphere | rectangular | make a reservation

(3) 실전 연습 문제

1 답 : ① (2018학년도 수능 기출)   본문 p38

대화를 듣고, 남자가 할 일로 가장 적절한 것을 고르시오.

① 티셔츠 주문하기   ② 호텔 예약하기   ③ 로고 디자인하기

④ 출장 신청하기   ⑤ 항공권 취소하기

남자가 할 일	선택지 확인
▶ 비법 1) 초점대상확인 : 남자	▶ 비법 2) 선택지로 내용 예측

W: Charlie, **our department workshop** in Jeju is only two weeks away.

M: That's right. Let's **check if everything is prepared.**
　　　　　　　　　　부서 워크샵 준비 확인(소재)

W: Okay. I've already **booked the flight** for everyone. Did you take
　　care of the accommodations? 비법 3) 이미 한 일(오답)

M: I did. I **called several possible hotels and made a reservation at
　　the one that gave us the best group price.**
　　비법 2) 남자가 이미 한 일(오답)

W: Excellent. Then what else do we need to do?

M: We need to **figure out where to eat** and also **order the T-shirts**
　　with the company logo. 비법 3) 남녀가 해야 할 일 2가지 언급

W: I heard there's many good places to eat in Jeju. I'll **find
　　restaurants** online. 비법 1) 여자가 할 일(오답)

M: Sounds good. Then **I'll order the T-shirts.**
　　　　　　　　　비법 3) 남자가 할 일 : 티셔츠 주문하기(정답)

W: You have everybody's sizes, right?

M: Of course. I got them the other day.

W: That's perfect.

해석

여: Charlie, 제주에서의 우리 부서 워크숍이 2주밖에 안 남았어요.

남: 맞아요. 모든 게 준비됐는지 확인해 보지요.

여: 좋아요. 모든 사람을 위한 항공편은 내가 이미 예약했어요. 숙박 시설은 처리하셨나요?

남: 했어요. 가능한 호텔 몇 군데에 전화해서 가장 좋은 단체 가격을 제시한 한 곳을 예약했어요.

여: 아주 잘했어요. 그럼 달리 뭘 해야 하죠?

남: 식사 장소를 해결해야 하고, 회사 로고가 붙은 티셔츠도 주문해야 해요.

여: 제주에는 좋은 음식점이 많다고 들었어요. 내가 온라인으로 음식점을 찾아볼게요.

남: 좋아요. 그럼 내가 티셔츠를 주문할게요.

여: 모든 사람의 크기를 갖고 계시죠, 그렇죠?

남: 물론이죠. 일전에 그것들을 받았어요.

여: 완벽하네요.

:::: **핵심 표현 학습** ::::

1. take care of 명사 : ~을 돌보다, ~을 처리하다

ex **Taking care of** non-recyclable waste is an important problem for us.

　재사용 불가 쓰레기를 처리하는 것은 우리에게 중요한 문제이다.

:::: **핵심 어휘 학습** ::::

department	부서	prepare	준비하다
book	예약하다		

대화를 듣고, 남자가 할 일로 가장 적절한 것을 고르시오.

① 행사 광고지 인쇄하기   ② 행사용 선물 주문하기

③ 사인회 작가에게 연락하기   ④ 할인 행사용 도서 진열하기

⑤ 회원에게 문자 메시지 보내기

남자가 할 일	선택지 확인
▶ 비법 1) 초점대상확인 : 남자	▶ 비법 2) 선택지로 내용 예측

W: Mr. Johnson, **how are Children's Book Week preparation going**?
　　　　　　　　　　아동 도서 주간 준비(소재)

M: They're going well. **For the signing events, I've already contacted the author.** 비법 3) 남자가 이미 한 일 : 작가에게 연락(오답)

W: That's great. Did you finish the advertising preparations I asked for?

M: Yes. **I made fliers for the events and printed them out.**
　　　　비법 3) 남자가 이미 한 일 : 행사 광고지 인쇄하기(오답)

W: Great. I also think **sending text messages to our members will help.**

M: No worries. **I've done that**, too.
　　　　　　비법 3) 남자가 이미 한 일 : 회원문자전송(오답)

W: Okay. Do you remember the discount event? If customers buy one book, they get another for 50% off.

M: Yes, I do. You said you would decide which books would be part of the event.

W: Right. Here's the list of the books. The next step is **displaying them for the discount event.** Would you like to **do that**?

M: No problem. **I'll do it.**
　　　　　비법 3) 남자가 할 일 : 도서진열(정답)

W: Thanks. Then **I'll order some gifts for the events.**
　　　　비법 1) 여자가 할 일 : 선물 주문(오답)

해석

여: Johnson 씨, 아동 도서 주간 준비는 어떻게 되어 가고 있어요?

남: 잘 되어 갑니다. 사인회를 위해서 이미 저자들과 연락했습니다.

여: 훌륭하군요. 제가 요청한 홍보 준비도 마쳤어요?

남: 예. 그 행사를 위한 전단을 만들어서 인쇄했습니다.

여: 좋아요. 우리 회원들께 문자 메시지를 보내는 것도 도움이 될 것으로 생각해요.

남: 걱정하지 마세요. 그것도 했습니다.

여: 좋아요. 할인 행사 기억하세요? 고객들이 책 한 권을 사면 다른 책은 50% 할인하여 사는 행사 말이에요.

남: 예, 기억합니다. 어느 책이 그 행사의 일부가 될지 결정하겠다고 하셨습니다.

여: 맞아요. 여기 그 책들의 목록이 있어요. 다음 단계는 할인 행사를 위하여 그것들을 진열하는 일이에요. 그 일도 해 주겠어요?

남: 물론입니다. 제가 하겠습니다.

여: 고마워요. 그러면 나는 그 행사를 위한 선물 몇 가지를 주문할게요.

:::: **핵심 표현 학습** ::::

1. How is A going? : A가 어떻게 되어가고(진행되고) 있나요?

🔘 A : **How is** your plan for the trip to Europe **going**? 유럽 여행 계획은 어떻게 되고 있나요?

　 B : I don't know. It would be probably canceled. 모르겠어요. 아마도 취소될 것 같아요.

2. get (　%) off : ~%를 할인받다

🔘 You can **get 10% off** if you use our membership card. 당신은 우리 멤버십 카드를 사용하면 10% 할인을 받을 수 있어요.

:::: **핵심 어휘 학습** ::::

contact	접촉하다, 연락하다	flier	전단지
display	전시하다, 보여주다	order	주문하다, 명령하다

대화를 듣고, 여자가 할 일로 가장 적절한 것을 고르시오.

① 프로젝터와 스크린 챙기기　　② 담요 가져오기

③ 영화 선택하기　　　　　　　④ 접이식 의자 구매하기

⑤ 짐을 차에 싣기

여자가 할 일	선택지 확인
▶ 비법 1) 초점대상확인 : 여자	▶ 비법 2) 선택지로 내용 예측

M: Honey, I'm so excited about **going camping tomorrow.**

W: Me,too. I especially like our plan of **watching a movie outdoors**
　　by the campfire.　　　　　　　캠핑가서 영화보기 (소재)

M: Absolutely! I think it's a great idea.

W: It's going to be so romantic. Did you **pack the projector and screen**?

M: Of course. **I've put them in the car.**　　영사기와 스크린 챙기기
　　　　　　　비법 3) 남자가 할 일(오답)

W: Great. Thanks.

M: Shall we **take some blankets** just in case it gets cold in the evening?
　　　　　　　　담요 챙기기

W: **I've already packed them in our luggage.**
　　　비법 3) 여자가 이미 한 일(오답)

M: Good. Oh, we **haven't decided which movie we're going to watch**
　　tomorrow. Could you pick one? 영화 고르기

W: Sure. **I'll choose a movie.**
　　　비법 3) 여자가 할 일 : 영화 선택하기(정답)

M: Thanks. Do you know **where the folding chairs are**?
　　　　　　　　　접이식 의자 위치파악

W: I think I last saw them in the trunk.

M: Alright. **I'll check when I'm putting the luggage** in the car.
　　　비법 3) 남자가 할 일(오답)

W: Great. I cannot wait for tomorrow!

해석

남: 여보, 나는 내일 야영 가는 것에 대해 정말 마음이 설레요.

여: 나도 그래요. 나는 모닥불 옆 야외에서 영화를 보려는 계획이 특히 좋아요.

남: 그렇고말고요! 나는 그것이 정말 좋은 아이디어라고 생각해요.

여: 정말 낭만적일 거예요. 영사기와 스크린을 챙겼나요?

남: 물론이죠. 차에 그것들을 실었어요.

여: 좋아요. 고마워요.

남: 저녁때 추워질 경우를 대비해 담요를 좀 가져가야 할까요?

여: 내가 이미 그것들을 우리 여행 가방에 쌌어요.

남: 잘했어요. 오, 우리는 내일 어떤 영화를 볼지를 아직 결정하지 않았어요. 한 편 골라 줄 수 있나요?

여: 그럼요. 내가 영화 한 편을 선택할게요.

남: 고마워요. 접이식 의자들이 어디 있는지 알아요?

여: 그것들을 마지막으로 트렁크에서 본 것 같아요.

남: 알았어요. 여행 가방을 차에 실을 때 내가 점검할게요.

여: 좋아요. 내일이 정말 기대돼요!

:::: **핵심 표현 학습** ::::

1. just in case : 만약을 대비하여

ex Before watching the performance, always check the emergency exits, **just in case**.
　　공연을 보기 전에 만약을 대비해서 항상 비상 탈출구를 확인하십시오.

2. cannot wait for : 더 이상 기다릴 수 없다(정말 기대된다)

ex I **cannot wait for** the next festival. 나는 다음 축제가 정말 기대돼요!

:::: **핵심 어휘 학습** ::::

pack	(짐을) 싸다	blanket	담요
luggage	짐	folding chair	접이식 의자

대화를 듣고, 여자가 남자를 위해 할 일로 가장 적절한 것을 고르시오.

① 저작권 확인하기   ② 포스터 인쇄하기

③ 프린터 구매하기   ④ 파일 전송하기

⑤ 만화 그리기

여자가 할 일	선택지 확인
▶ 비법 1) 초점대상확인 : 여자	▶ 비법 2) 선택지로 내용 예측

W: Hi, Ted. How are you doing with **the poster for the Student Dance Festival**? 학생 댄스 축제 포스터(소재)

M: Hello, Ms. Wood. Here, take a look at my monitor. It's the final draft of the poster.

W: Let's see. Wow, you did a great job. It looks like you're all done.

M: Thank you, Ms. Wood.

W: Oh, I like the cartoon at the bottom. Did you draw it yourself?

M: No, **I downloaded the image.** 비법 3) 남자가 이미 한일(오답)
   I checked the copyright and it's free to use. 비법 3) 남자가 이미 한일(오답)

W: That's great. Are you ready to print the poster, then?

M: Yes, but our printer isn't working, so **I can't print it** now.

W: Don't worry. **I can do it for you** in the teachers' lounge.
   비법 3) 여자가 할 일 : 포스터 인쇄하기(정답)

M: That'd be great.

W: How many copies of the poster do you need?

M: Ten copies will be enough.

W: No problem. Just **send me the file.** 비법 3) 남자가 할 일(오답)

M: Thank you so much.

해석

여: 안녕, Ted. 학생 댄스 페스티벌 포스터는 어떻게 되어 가고 있니?

남: 안녕하세요, Wood 선생님. 여기, 제 모니터를 보세요. 그것이 포스터의 최종안입니다.

여: 어디 보자. 와, 너 정말 잘했다. 다 끝난 것 같구나.

남: 감사합니다, Wood 선생님.

여: 오, 나는 아래쪽에 있는 만화가 마음에 들어. 네가 그것을 직접 그렸니?

남: 아뇨, 그 이미지를 내려받았어요. 저작권을 확인했는데 무료로 사용할 수 있어요.

여: 그거 잘 됐구나. 그러면 포스터를 인쇄할 준비가 되었니?

남: 네, 하지만 저희 프린터가 작동되지 않아서, 그것을 지금 인쇄할 수가 없어요.

여: 걱정하지 마라. 내가 교사 휴게실에서 너를 위해 그것을 해 줄 수 있어.

남: 그렇게 해 주시면 아주 좋겠어요.

여: 포스터는 몇 장 필요하니?

남: 열 장이면 충분할 거예요.

여: 문제없어. 파일만 나에게 보내줘.

남: 대단히 감사합니다.

:::: **핵심 표현 학습** ::::

1. take a look at : ~을 보다

ex A : Let me **take a look at** your book. 당신의 책 좀 볼게요.

B : Sure. Here it is. 그래요. 여기 있어요.

2. look like(+명사구/+절): ~처럼 보이다, ~와 닮다

ex She **looks like** a doll. 그녀는 인형처럼 생겼어요.

You **look like** you're in a big trouble. 당신은 큰 어려움이 있는 것처럼 보여요.

:::: **핵심 어휘 학습** ::::

final draft	최종안	download	내려받다
copyright	저작권	lounge	휴게실

대화를 듣고, 여자가 할 일로 가장 적절한 것을 고르시오.

① 블로그에 여행 계획 올리기   ② 방수 재킷 구입하기

③ 샌드위치 만들기   ④ 낚싯대 장만하기

⑤ 예약 확인하기

여자가 할 일	선택지 확인
▶ 비법 1) 초점대상확인 : 여자	▶ 비법 2) 선택지로 내용 예측

M: Mandy, are you ready for **our fishing trip** this weekend?
　　　　　　　　　　　　　　　　낚시여행(소재)

W: Yes, honey. I'm so excited. It's going to be my first ocean fishing
　experience. I've already **posted about the trip on my blog.**
　　　　　　　　　비법 3) 여자가 이미 한 일(오답)

M: We're going to have a wonderful time. Let's take a lot of pictures.

W: That'll be great. Oh, I **bought waterproof jackets for us.**
　　　　　　　비법 3)여자가 이미 한 일(오답)

M: Thanks. We'll need them to keep ourselves dry.

W: Right. Is there anything else we need to prepare?

M: Hmm... We might **need to bring some food** for the trip.

W: Okay, **I'll make some sandwiches.**
　　　　비법 3)여자가 할 일 : 샌드위치 만들기(정답)

　　Do we also need to bring our own fishing rods?

M: No, we don't. The fishing tour company will provide them for us.

W: Great. Can you call to **confirm our reservation**?

M: **I already did that** an hour ago.
　　비법 3) 남자가 이미 한 일(오답)

W: Thank you, sweetheart.

해석

남: Mandy, 당신은 이번 주말 우리의 낚시 여행 준비가 되었나요?

여: 네, 여보. 정말 흥분돼요. 내 첫 번째 바다낚시 체험이 될 거예요. 나는 이미 내 블로그에 그 여행에 대해 글을 올렸어요.

남: 우리는 멋진 시간을 보낼 거예요. 우리 사진을 많이 찍도록 해요.

여: 그거 멋질 거예요. 오, 나는 우리를 위해 방수 재킷을 샀어요.

남: 고마워요. 우리는 젖지 않기 위해 그것이 필요할 거예요.

여: 맞아요. 우리가 준비할 필요가 있는 것이 또 있나요?

남: 음... 우리는 그 여행을 위해 음식을 좀 가져가야 할 필요가 있을 거예요.

여: 좋아요, 내가 샌드위치를 좀 만들게요. 또 우리가 우리 낚싯대를 가져가야 할 필요가 있나요?

남: 아니오, 그럴 필요 없어요. 낚시 여행 회사가 우리에게 그것을 제공할 거예요.

여: 잘 됐네요. 전화해서 우리의 예약을 확인해 줄래요?

남: 이미 한 시간 전에 확인했어요.

여: 고마워요, 여보.

:::: **핵심 표현 학습** ::::

1. take a picture : 사진을 찍다

🅔🅧 Can I <u>take a picture</u> with you? 당신과 같이 사진 찍어도 될까요?

:::: **핵심 어휘 학습** ::::

post	게시하다	waterproof	방수의
keep dry	젖지 않게 하다	(fishing) rod	낚싯대
provide	제공하다	confirm	확인하다

대화를 듣고, **여자**가 할 일로 가장 적절한 것을 고르시오.

① 소품 구매하기   ② 포스터 붙이기

③ 배우들 분장하기   ④ 가을 축제 기획하기

⑤ 무대 배경 제작하기

여자가 할 일	선택지 확인
▶ 비법 1) 초점대상확인 : 여자	▶ 비법 2) 선택지로 내용 예측

[Cell phone rings.]

M: Tammy, what's up?

W: Hi, Billy. How's the semester going?

M: I'm so busy **preparing for the play**. 연극준비(소재)

W: That's right. You're producing a play for the autumn festival. How's it going?

M: Pretty well. The first performance is in three weeks.

W: Great. Is everything ready?

M: Not yet. We're still **making the stage background**.
                     비법 3) 남자가 현재 하고 있는 일(오답)

     Students from the school art club are helping us.

W: I see. Anything I can help with? I can **put up posters.**

M: Thank you. But **we've already put them up**.
                     비법 3) 남자가 이미 한 일(오답)

W: I wish I could help with something.

M: Well, **we need someone to do the make-up for the actors**.
     Didn't you take a course on that before?

W: Yes, I did. Okay, **I'll do the make-up for the actors.**
                     비법 3) 여자가 할 일 : 배우분장(정답)

M: Thanks. I appreciate it.

해석

남: Tammy, 무슨 일이니?

여: 안녕, Billy. 이번 학기는 어때?

남: 난 연극 준비로 너무 바빠.

여: 맞아. 가을 축제에서 네가 연극을 연출할 거지. 어떻게 되어가니?

남: 아주 잘 되고 있어. 3주 있으면 첫 공연이야.

여: 훌륭해. 모든 것이 준비되었니?

남: 아직은 아니야. 우리는 아직 무대 배경을 만들고 있어. 학교 미술부 아이들이 우리를 도와주고 있지.

여: 그렇구나. 내가 도와줄 일이 있니? 포스터는 붙일 수 있어.

남: 고마워. 그러나 우린 이미 그것은 다 붙였어.

여: 무언가 도와줄 수 있으면 좋겠는데.

남: 음, 우린 배우들을 위해 분장을 해 줄 사람이 필요한데. 네가 전에 그 과정을 수강하지 않았니?

여: 맞아, 그랬어. 좋아, 내가 배우들을 위해 분장을 해 줄게.

남: 고마워. 진심으로 고마워.

:::: **핵심 표현 학습** ::::

1. be busy ~ing : ~하느라 바쁘다

ex A : Hey, Brian. Why don't you watch a movie together? 안녕, Brian. 같이 영화볼래요?

     B : Sorry, I can't. I'm very **busy** study**ing** for a chemistry test tomorrow.
         미안하지만 안돼요. 내일 화학 시험 때문에 공부하느라 바빠요.

2. put up 명사 : ~을 붙이다, 올리다

ex She **put up** her hands to protect herself. 그녀는 자신을 보호하기 위해 손을 들었다

3. take a course on : ~에 대한 과정(강의 등)을 수강하다

ex I have to **take a course on** Business Administration. 나는 경영학 과정을 수강해야 해요.

:::: **핵심 어휘 학습** ::::

semester	학기	produce	제작하다, 생산하다
do make-up	분장하다	appreciate	감사하다, 이해하다

1 ≫≫ | Let's check | booked | Sounds good | That's perfect |

2 ≫≫ | how are | contacted | get | order |

3 ≫≫ | pack | just in case | folding chairs | cannot wait for |

4 ≫≫ | take a look at | final draft | looks like | copyright |

5 ≫≫ | posted | take a lot of pictures | keep | confirm |

6 ≫≫ | busy preparing | put up | take a course on | appreciate |

(3) 실전 연습 문제

1 답 : ② (2019학년도 수능 기출)   본문 p45

W: Good afternoon. What can I help you with, sir?

M: I'm looking for inline skates for my twins.
   비법 1) 숫자와 무관한 내용(가볍게 듣기)

W: I see. We have beginner skates and advanced skates.
   A pair of beginner skates is $60 and a pair of advanced skates is $80.
   비법 2) 숫자 관련 정보

M: My boys will start learning next week.

W: Then you need **the beginner skates.** 두 가지 중, 선택 항목 체크!

M: Right. I'll buy **two pairs** in size 13. 비법 2) 숫자 관련 정보

W: Okay. And I think your sons also need safety equipment.

M: They already have elbow and knee pads.
   So, they only need helmets. **How much are helmets?**
                              숫자정보 관련 질문

W: They originally **cost $20 each**. But we have a **promotion** this week.
                     비법 2) 숫자 관련 정보   비법 3) 판매기법(판촉행사) 유의
   So, you will **get a 50 percent discount** on each helmet.
                     비법 3) 판매기법(할인)유의

M: That's nice. I'll buy **two helmets.**
                     비법 2) 숫자 관련 정보

W: Do you want anything else?

M: No, that's all. **Here's my credit card.**
   비법4) 최종합계 계산하기 ($60×2)+($20×2×0.5)=$140

해석

여: 좋은 오후입니다. 무엇을 도와 드릴까요, 손님?

남: 제 쌍둥이에게 줄 인라인 스케이트를 찾고 있어요.

여: 그러시군요. 초보자 스케이트와 상급자 스케이트가 있습니다. 초보자 스케이트 한 켤레는 60달러이고 상급자 스케이트 한 켤레는 80달러입니다.

남: 제 아들들은 다음 주에 배우기 시작할 거예요.

여: 그럼 초보자 스케이트가 필요하시군요.

남: 맞습니다. 사이즈 13짜리로 두 켤레를 살게요.

여: 알겠습니다. 그리고 아드님들에겐 안전 장비도 필요하겠군요.

남: 팔꿈치와 무릎 패드는 이미 갖고 있답니다. 그래서 헬멧만 필요해요. 헬멧은 얼마인가요?

여: 원래는 하나당 20달러입니다. 하지만 이번 주에 판촉행사 중이랍니다. 그래서 헬멧 하나당 50퍼센트 할인을 받으실 수 있어요.

남: 잘됐군요. 헬멧 두 개를 살게요.

여: 더 필요한 것은 없으세요?

남: 네, 없습니다. 제 신용카드로 계산해주세요.

:::: 핵심 표현 학습 ::::

1. What can I help you? : (무엇을) 도와드릴까요?

ex A : <u>What can I help you?</u> (무엇을) 도와드릴까요?
   B : I am just looking around. 그냥 구경 중이에요.

2. have a promotion : 판촉하다, 판매기념 행사를 하다

ex We will <u>have a promotion</u>. 판매기념 행사가 있어요.

3. get a discount : 할인을 받다

ex We can <u>get a discount</u> on many books. 우리는 많은 책을 할인받을 수 있다.

:::: 핵심 어휘 학습 ::::

twins	쌍둥이	pair	(한) 쌍, 짝
safety equipment	안전장비	knee pads	무릎보호대

W: Welcome to Vestian Electronics. How can I help you?

M: Hi. I need webcams for my son and daughter for their online classes. Which one would you recommend?

W: This one is really popular among youngsters. It has a great design and picture quality.

M: That model seems good. **How much is it?**
　　　　　　　　　　　　숫자정보 관련 질문

W: The **original price was $70**, but it's **on sale**. It's **$60** now.
　　비법 2) 숫자 관련 정보　　　　비법 3) 판매기법(할인) 유의

M: Nice! I'll take **two.** 비법 2) 숫자 관련 정보

W: Anything else?

M: I also need a wireless speaker.

W: I recommend this one. The sound quality is good and it's **only $20**.
　　　　　　　　　　　　　　비법 2) 숫자 관련 정보

M: Perfect. Then I'll take that as well.

W: Do you also need **two of these?** 비법 2) 숫자 관련 정보

M: No. **Just one** is enough. I already have one speaker at home.
　　비법 2) 숫자 관련 정보

W: Okay. Also, this week, we're having an **an autumn sales event.**
　　　　　　　　　　　　　　비법 3) 판매기법(할인) 유의

　　With purchase of **$100 or more, we're giving a $10 discount** to customers. 비법 3) 판매기법(할인) 유의

M: Great! **Here's my credit card**.
　　비법4) 최종합계 계산하기 {($60×2)+$20}×0.9=$126

해석

여: Vestian Electronics에 오신 것을 환영합니다. 무엇을 도와드릴까요?

남: 안녕하세요. 저는 딸과 아들이 온라인 수업에 쓸 웹 카메라가 필요합니다. 어떤 것을 추천하시겠어요?

여: 이것이 청소년들 사이에서 매우 인기가 있습니다. 디자인과 화질이 정말 좋습니다.

남: 그 모델이 좋아 보이네요. 얼마인가요?

여: 원래 가격은 70달러였습니다만, 할인 판매 중입니다. 지금은 60달러입니다.

남: 잘됐네요! 두 개 살게요.

여: 다른 것은 필요하신 게 없으신지요?

남: 무선 스피커도 필요합니다.

여: 이것을 추천합니다. 음질이 좋고 단 20달러입니다.

남: 딱 좋네요. 그럼 그것도 살게요.

여: 이것도 두 개 필요하신가요?

남: 아니요. 하나만으로 충분해요. 집에 이미 스피커가 하나 있거든요.

여: 알겠습니다. 또한 이번 주에 저희가 가을 할인 판매 행사를 하고 있습니다. 100달러 이상 구매 시 고객들에게 10달러 할인을 해드리고 있습니다.

남: 좋아요! 여기 제 신용카드입니다.

:::: **핵심 표현 학습** ::::

1. Which one would you recommend? : 어떤 것을 추천하시겠어요?

ⓔ A : <u>Which one would you recommend?</u> : 어떤 것을 추천하시겠어요?

　B : I recommend this one. 전 이것을 추천해드립니다.

2. on sale : 할인중인, 판매중인

ⓔ All cars are **on sale** today. 모든 자동차는 오늘 할인해 드립니다.

3. as well : 또한, 역시

ⓔ They have facilities for the students **as well**. 그들은 학생들을 위한 시설도 갖추고 있어요.

:::: **핵심 어휘 학습** ::::

youngster	청소년	wireless	무선의
popular	인기있는	purchase	구매

M: Welcome to Julie's Cafe. What can I get for you?

W: Your coffee smells very good. Do you have any recommendations?

M: How about our Julie's Coffee? It uses fresh coffee beans.

W: Sounds great. **How much is it?**
　　　　　　　숫자정보 관련 질문

M: **A hot coffee is three dollars** and an **iced one is four dollars.**
　　　비법 2) 숫자 관련 정보　　　　　　　　비법 2) 숫자 관련 정보

W: I'll get **three iced coffees** to go.
　　　　　비법 2) 숫자 관련 정보

M: Sure, three iced Julie's Coffees. Anything else?
　　We also have really good waffles.

W: Oh, **how much are they?**
　　　　숫자정보 관련 질문

M: A regular waffle is **10 dollars**. But if you **pay two dollars more,**
　　　　　　　　비법 2) 숫자 관련 정보　　　비법 2) 숫자 관련 정보
　　you can enjoy it with vanilla ice cream.

W: Well, I'm not a big fan of ice cream. Just **one regular waffle.**
　　　　　　　　　　　　　　　　　비법 3) 숫자 관련 정보

M: All right. Then, **three iced Julie's Coffees** and **one regular waffle** to go.
　　　　　　　　　비법 2) 숫자 관련 정보

W: Right. **Here's my credit card**.
　　　　비법4) 최종합계 계산하기 ($4×3)+$10=$22

해석

남: 'Julie의 카페'에 오신 걸 환영합니다. 뭘 드릴까요?

여: 이곳의 커피는 향기가 아주 좋네요. 추천하고 싶은 것이 있나요?

남: 저희의 'Julie의 커피'는 어떤가요? 그것은 신선한 커피 원두를 사용합니다.

여: 좋은 것 같습니다. 얼마인가요?

남: 따끈한 커피는 3달러, 아이스커피는 4달러입니다.

여: 아이스커피 세 잔을 테이크아웃으로 사서 가져가겠어요.

남: 그래요, 아이스 'Julie의 커피' 세 잔이요. 다른 것은요? 정말 좋은 와플도 있습니다.

여: 오, 그것은 얼마죠?

남: 일반 와플은 10달러입니다. 하지만 2달러를 더 내면 바닐라 아이스크림을 곁들여서 그것을 즐기실 수 있습니다.

여: 음, 저는 아이스크림을 별로 좋아하지 않습니다. 그냥 일반 와플 한 개만 주십시오.

남: 알겠습니다. 그러면 테이크아웃으로 아이스 'Julie의 커피' 세 잔과 일반 와플 한개요.

여: 맞습니다. 여기 제 신용카드가 있습니다.

:::: **핵심 표현 학습** ::::

1. How about~? : ~은 어떤가요?

ⓔⓧ How about going for a walk? 산책하는 게 어떨까요?

2. (Do you need) Anything else? : 더 필요한 것이 있나요?

ⓔⓧ A : **Anything else**? 더 필요한 것이 있나요?
　　B : I don't want anything else, thanks. 더 필요한 것은 없습니다, 감사합니다.

3. to go : 음식을 포장해서 가지고 가는

ⓔⓧ Two hamburgers **to go**. 햄버거 2개 포장해주세요.

4. a big fan of 명사 : ~을 아주 좋아하는

ⓔⓧ I'm a **big fan of** my English teacher. 나는 영어선생님을 매우 좋아한다.

:::: **핵심 어휘 학습** ::::

smell good	냄새가 좋은	coffee beans	커피원두
recommendation	추천		

M: Good afternoon.

W: Hi, welcome to the gift shop. How was the soap art exhibition?

M: It was amazing. I never imagined such impressive artwork made of soap.

W: Many visitors say that. And you know what?
   We're **having a promotion** this week. All items are **10% off.**
      비법 3) 판매기법(판촉행사) 유의   비법 3) 판매기법(할인) 유의

M: That's great. I like this handmade soap. **How much is it?**
                                          숫자정보 관련 질문

W: **It's $20 for one set.** 비법 2) 숫자 관련 정보

M: Good. I'll buy two sets. Oh, is this a soap flower?

W: Uh-huh. You can use it as an air freshener. The **large one is $10,**
                                          비법 2) 숫자 관련 정보

   and the **small one is $5.**
      비법 2) 숫자 관련 정보

M: It smells really nice. I'll take **three large ones,** please.
                              비법 2) 숫자 관련 정보

W: Okay. Anything else?

M: No, thanks. That's it.

W: So, here are **two sets of handmade soap,** and **three large soap flowers.**
            └ 비법 2) 숫자 관련 정보 ┘

   And like I said, you **get a discount.**
                  비법 3) 판매기법(할인) 유의

M: Thanks. **Here's my credit card**.
      비법4) 최종합계 계산하기 {($20×2)+($10×3)}×0.9=$63

해석

남: 안녕하세요.

여: 안녕하세요, 선물 가게에 오신 걸 환영합니다. 비누 예술 전시는 어땠나요?

남: 놀라웠어요. 나는 비누로 만들어진 그렇게 인상적인 예술작품을 전혀 상상하지 못했어요.

여: 많은 방문객이 그렇게 말씀하십니다. 그리고 그거 아세요? 저희는 이번 주에 판촉 행사를 하고 있습니다. 모든 품목이 10% 할인됩니다.

남: 그거 잘됐네요. 저는 이 수제 비누가 마음에 듭니다. 그것은 얼마입니까?

여: 한 세트에 20달러입니다.

남: 좋네요. 두 세트를 사겠어요. 오, 이건 비누 꽃인가요?

여: 네. 그것을 방향제로 사용하실 수 있습니다. 큰 것은 10달러이고 작은 것은 5달러입니다.

남: 냄새가 정말 좋네요. 큰 것으로 세 개 사겠습니다.

여: 좋습니다. 다른 건 없으세요?

남: 아뇨, 됐습니다. 그거면 됐어요.

여: 자, 여기 수제 비누 두 세트와 큰 비누 꽃 세 개입니다. 그리고 제가 말씀드렸듯이, 할인을 받으십니다.

남: 고맙습니다. 여기 제 신용카드가 있습니다.

:::: **핵심 표현 학습** ::::

1. I will take 명사 : 저는 ~을 살게요

ex **I will take** the yellow bag. 전 노란색 가방을 살게요.

2. Here is/are 명사 : 여기 ~이 있다

ex **Here is** my ID card. 여기 제 신분증이 있습니다.

3. That's it. : 그것이 전부이다

ex A : Do you need anything else? 더 필요한 게 있으세요?
   B : No, thanks. **That's it.** 아뇨, 감사합니다. 그게 전부에요.

:::: **핵심 어휘 학습** ::::

exhibition	전시회	impressive	인상적인
handmade	손으로 만든	freshener	방향제

M: Welcome to Lakewood Furniture Depot.

W: Hi. I'm looking for some bedroom furniture.

M: Wonderful. **Everything in our bedroom section is on sale now.**
　　　　　　　　비법 3) 판매기법(할인) 유의

W: Oh, good. **How much is this rocking chair?** It looks comfortable.
　　　　　　　　숫자정보 관련 질문

M: **It was $200**, but now **it's only $100.**
　　└─ 비법 2) 숫자 관련 정보 ─┘

W: Alright. **I'll buy one.** I also need a bedside table.
　　　　　　비법 2) 숫자 관련 정보

M: How about this one? It has lots of storage space.

W: Great. My husband and I love reading in bed, and it would be a
　convenient place for our books. **How much is it?**
　　　　　　　　　　　　　　　　　숫자정보 관련 질문

M: **It's $40.** But **if you buy two**, you'll **get a 50% discount** on the
　└─ 비법 2) 숫자 관련 정보 ─┘　　비법 3) 판매기법(할인) 유의

　second one.

W: So I'd get the second one at half price?

M: Exactly.

W: Then, **I'll get two.**
　　　　　비법 2) 숫자 관련 정보

M: Terrific. **One rocking chair** and **two bedside tables.**
　　　　　　　　└─ 비법 2) 숫자 관련 정보 ─┘

　How will you pay?

W: **By credit card**.
　비법4) 최종합계 계산하기 {($100×1)+($40+$40×0.5)}=$160

해석

남: Lakewood Furniture Depot에 오신 것을 환영합니다.

여: 안녕하세요. 저는 침실용 가구를 좀 찾고 있습니다.

남: 좋습니다. 침실 섹션에 있는 모든 것이 현재 할인 판매 중입니다.

여: 오, 잘됐군요. 이 흔들의자는 얼마인가요? 편안해 보이네요.

남: 그것은 200달러였지만, 현재는 단지 100달러입니다.

여: 좋습니다. 하나 사겠어요. 저는 침대 옆 탁자도 하나 필요합니다.

남: 이것 어때요? 많은 저장 공간이 있습니다.

여: 좋아요. 제 남편과 저는 침대에서 책 읽는 것을 아주 좋아하는데, 그것은 우리의 책을 두기에 편리한 장소가 되겠네요. 그것은 얼마죠?

남: 40달러입니다. 하지만 두 개를 사시면 두 번째 것에 대해서는 50퍼센트 할인을 받으십니다.

여: 그렇다면 두 번째 것을 절반 가격으로 살 수 있다는 건가요?

남: 맞습니다.

여: 그렇다면 두 개를 사겠어요.

남: 좋습니다. 흔들의자 한 개와 침대 옆 탁자 두 개. 지불은 어떻게 하시겠습니까?

여: 신용카드로 하겠습니다.

:::: **핵심 표현 학습** ::::

1. I am looking for 명사 : 저는 ~을 찾는 중이에요

ex A : What can I help you? (무엇을) 도와드릴까요?

　B : **I am looking for** something to wear. 전 입을만한 것을 찾는 중이에요.

2. How will you pay? : 어떻게 지불하실 건가요?

ex A : **How will you pay?** 어떻게 지불하실 건가요?

　B : I will pay by cash. 저는 현금으로 지불할게요.

:::: **핵심 어휘 학습** ::::

rocking chair	흔들의자	comfortable	편안한
bedside	침대 곁	storage space	저장공간

W: Hello. Welcome to Uncle John's Dairy Farm. How can I help you?

M: Hi. I'd like to buy admission tickets for the dairy farm.

W: Alright. **It's $10 per adult** and **$5 per child.**

└─ 비법 2) 숫자 관련 정보 ─┘

M: Okay. I'll take **one adult** and **two children's** tickets, please.

└─ 비법 2) 숫자 관련 정보 ─┘

W: Sure thing. And we also have a hands-on experience program for children. They get to make pizza with cheese from our farm.

M: Sounds fun. **How much is it?**

숫자정보 관련 질문

W: It's originally **$20** per child. But this week, you can get a **50% discount**

비법 2) 숫자 관련 정보   비법 3) 판매기법(할인) 유의

on the program.

M: Wow! That's lucky. **I'll buy two.**

비법 2) 숫자 관련 정보

W: I'm sure your kids will love it.

M: I hope so. Ah, I **have a coupon for 10% off.** Can I use it?

비법 3) 판매기법(쿠폰)

W: Let me check. [Typing sound] Sorry, but this coupon expired last week.

M: Too bad **I'm not able to use it. I'll pay by credit card.**

비법4) 최종합계 계산하기 {($10×1)+($5×2)+($20×2×0.5)}=$40

해석

여: 안녕하세요. Uncle John's Dairy Farm에 오신 것을 환영합니다. 무엇을 도와드릴까요?

남: 안녕하세요. 낙농장 입장권을 사고 싶어요.

여: 알겠습니다. 성인 한 명에 10달러이고, 아이 한 명에 5달러입니다.

남: 알겠습니다. 성인 입장권 한 장과 아이 입장권 두 장을 주세요.

여: 네. 그리고 저희는 또한 아이들을 위한 실제 체험 프로그램도 있습니다. 아이들이 저희 농장에서 만든 치즈로 피자를 만들게 됩니다.

남: 재미있겠네요. 얼마인가요?

여: 원래는 아이 한 명에 20달러입니다. 하지만 그 프로그램은 이번 주에 50% 할인을 받을 수 있습니다.

남: 와! 운이 좋네요. 두 장 살게요.

여: 분명히 아이들이 매우 좋아할 겁니다.

남: 그러길 바라요. 아, 제게 10% 할인 쿠폰이 있어요. 사용할 수 있나요?

여: 확인해 볼게요. [타이핑하는 소리] 죄송합니다만, 이 쿠폰은 지난주에 기한이 만료되었습니다.

남: 그것을 사용할 수 없다니 너무 아쉽네요. 신용카드로 지불할게요.

:::: **핵심 표현 학습** ::::

1. I hope so : 그럴거에요(그러기를 바라요)

ⓔⓧ A : Is she coming? 그녀가 오나요?

B : I hope so. 그럴 거예요.

2. Let me check. : 제가 확인해드리겠습니다

ⓔⓧ A : I wonder if there is a printer in his office. 그의 사무실에 프린터가 있는지 궁금합니다.

B : Let me check. 제가 확인해드리겠습니다.

:::: **핵심 어휘 학습** ::::

dairy	낙농장	admission ticket	입장권
hands-on experience	실제 체험	expired	만료된

1 >>>> What can I help you with | safety equipment | have a promotion | get a 50 percent discount

2 >>>> Which one would you recommend | on sale | wireless | as well

3 >>>> recommendations | How about | to go | Anything else

4 >>>> exhibition | I'll take | That's it | here are

5 >>>> looking for | comfortable | bedside | How will you pay

6 >>>> admission tickets | hands-on | I hope so | Let me check

(3) 실전 연습 문제

1 답 : ⑤ (2018년 9월 평가원)   본문 p52

대화를 듣고, <u>남자가</u> 농구경기에 출전하지 <u>않은</u> 이유를 고르시오.

① 해외 출장을 가야 해서

② 매출 보고서를 작성해야 해서

③ 지역 병원에서 봉사해야 해서

④ 정기 건강 검진을 받아야 해서

⑤ 아버지의 은퇴 파티에 참석해야 해서

남자가/농구경기에 출전하지 않은	선택지 확인
▶ 비법 1) 초점대상 및 구체적 행동원인 확인	▶ 비법 2) 선택지로 소재 예측

W: Jason, I heard you play on a local amateur basketball team.

M: Yes. In fact, we're playing against Logan City this Saturday.

W: How exciting! Can I come and watch the game?

M: You could, but **I'm not playing this time.** 출전 못하는 사유 암시

W: Why? Are you <u>sick</u>?

    I heard you took the day off yesterday to go to the hospital.

M: No, I'm fine. **I had a regular medical check-up.**

              비법 3) 질의응답(정기건강검진-오답)

W: I see.

    Then, is it **because of the sales report** you were assigned last week?

M: I **already finished** it. Actually, I'm flying to Los Angeles tonight.

      비법 3) 질의응답(판매보고서-오답)

W: Los Angeles? Do you have a business trip?

M: **No.** I'm **attending my father's retirement party.**

      비법 3) 질의응답(해외출장-오답) 비법 3) 질의응답(아버지의 은퇴파티참여-정답)

All my family will be there.

    W: Okay. Then, I'll see you play some other time.

해석

여: Jason, 난 네가 지역 아마추어 농구 팀에서 뛰고 있다는 얘기를 들었어요.

남: 맞아요. 사실 우리는 이번 토요일에 Logan City를 상대로 경기를 할 거예요.

여: 와 흥미로운데요! 내가 가서 경기를 볼 수 있을까요?

남: 가능하지만, 난 이번에는 경기를 하지 않아요.

여: 왜? 아파요? 당신이 어제 병원에 가느라 하루 쉬었다는 이야기를 들었어요.

남: 아니, 난 괜찮아요. 난 정기적인 의료 검진을 받았어요.

여: 그랬군요. 그러면 지난주에 당신에게 배당된 판매 보고서 때문이에요?

남: 그건 이미 끝냈어요. 사실 난 오늘 밤에 비행기로 Los Angeles로 가요.

여: Los Angeles? 출장 가는 거예요?

남: 아뇨. 아버지의 은퇴 파티에 참석할 거예요. 가족들 모두 거기에 올 거예요.

여: 알았어요. 그럼 당신이 경기하는 것은 다른 때 봐야 하겠네요.

:::: **핵심 표현 학습** ::::

1. play against 명사 : ~를 상대로 경기하다

ex He **played against** a much bigger man than him.

그는 그보다 훨씬 덩치 큰 사람을 상대로 하여 경기했다.

2. take the day off : 하루 쉬다

ex He **took the day off** yesterday because of cold. 그는 어제 감기 때문에 하루 쉬었다.

3. medical check-up : 의료검진

ex Koreans can get **a medical check-up** for free. 한국인들은 의료검진을 무료로 받을 수 있다.

:::: **핵심 어휘 학습** ::::

assign	배당하다, 할당하다	business trip	출장
attend	참석하다	retirement	은퇴

대화를 듣고, 여자가 기숙사에서 나가려는 이유를 고르시오.

① 과제에 집중할 수 없어서
② 시설이 마음에 들지 않아서
③ 조부모를 병간호하기 위해서
④ 이사 온 가족과 살기 위해서
⑤ 룸메이트와 사이가 좋지 않아서

여자가/기숙사에서 나가려는	선택지 확인
▶ 비법 1) 초점대상 및 구체적 행동원인 확인	▶ 비법 2) 선택지로 소재 예측

[Cell phone rings.]
M: Hello?
W: Hello, Joe. How's your university life?
M: It's awesome, except I spend too much time doing assignments.
W: I know! I didn't think I'd have to study this much.
M: And I heard you're living in your school dorm.
W: You know what? **I'm moving out of the dormitory.**
　　　　　　　　　나가려는 사유 암시
M: Why? **Do you have problems with the facilities?**
W: **No, I don't.** The facilities are quite nice. It's something else
　　completely. 비법 3) 질의응답(시설문제-오답)
M: Oh, are you having **trouble with your roommate?**
W: **No.** She's great. She helped me to adjust to university life.
　비법 3) 질의응답(룸메이트문제-오답)
M: Then, I don't get why you made that decision.
W: Actually, **my family recently moved near the university.**
　　So I'm going to live with them. 비법 3) 질의응답(가족의 이사-정답)
M: Ah, now I understand.

해석
남: 여보세요?
여: 여보세요, Joe. 대학 생활은 어때?
남: 멋져. 과제를 하는 데 시간을 너무 많이 쓴다는 것만 빼고 말이야.
여: 알고 있어! 이렇게 공부를 많이 해야 한다고는 생각하지 못했지.
남: 그런데 너는 학교 기숙사에서 지내고 있다고 들었어.
여: 있잖아? 나 기숙사에서 나갈 거야.
남: 왜? 시설에 문제라도 있어?
여: 아니, 없어, 시설은 아주 좋아. 완전히 다른 것 때문이야.
남: 오, 방 친구와 문제가 있니?
여: 아니. 그 애는 훌륭해. 내가 대학 생활에 적응하도록 도와줬어.
남: 그렇다면 네가 왜 그런 결정을 했는지 모르겠네.
여: 실은, 최근에 우리 가족이 대학 근처로 이사했어. 그래서 가족과 함께 살 거야.
남: 아, 이제야 알겠네.

:::: **핵심 표현 학습** ::::

1. adjust to 명사 : ~에 적응하다
ex It doesn't take long to **adjust to** new glasses.
새 안경에 적응하는데 오래 걸리지 않는다.

2. make a decision : 결정을 하다
ex You need to **make a decision** whether or not to go to college.
대학교에 갈지 말지를 결정할 필요가 있다.

:::: **핵심 어휘 학습** ::::

awesome	멋진, 훌륭한	dorm(=dormitory)	기숙사
facilities	시설		

대화를 듣고, 남자가 영화를 보러 갈 수 없는 이유를 고르시오.

① 도서관에서 일을 해야 해서

② 역사 시험 준비를 해야 해서

③ 친구 생일 파티에 가야 해서

④ 야구 경기를 보러 가야 해서

⑤ 로봇 쇼에 참가해야 해서

남자가/영화를 보러 갈 수 없는	선택지 확인
▶ 비법 1) 초점대상 및 구체적 행동원인 확인	▶ 비법 2) 선택지로 소재 예측

W: Hi, Matt. How was the history exam?

M: It was okay. But I'm glad it's over.

W: Yeah. Let's do something fun.
　　I heard there's a new movie out. It's about a friendly robot.

M: Oh, you mean, My A.I. Neighbor? I've heard of it.

W: Yes. Do you want to see that movie tonight with me?

M: Well, I'm afraid **I can't go.** 영화보러 갈 수 없는 사유 암시

W: **Why not?**

M: I **have to work in the school library** tonight.
　　　비법 3) 질의응답(도서관 업무 -정답)

W: I thought you were **not supposed to work** in the library today.

M: **I wasn't. But** my co-worker is attending her grandmother's
　　birthday party tonight, so I've changed my schedule for her.
　　비법 3) 질의응답(추가정보 정확히 확인)

W: I see. Maybe next time.

M: Well, I do have **tickets for a baseball game** this Saturday.
　　Do you want to go together?야구표가 있음

W: That would be **wonderful.** 비법 3) 질의응답(추가정보 정확히 확인)

해석

여: 안녕, Matt. 역사 시험은 어떻게 됐니?

남: 괜찮았어. 하지만 끝나서 기뻐.

여: 그래. 뭔가 재미있는 것을 하자. 나는 새로운 영화가 나왔다고 들었어. 다정한 로봇에 관한 거야.

남: 오, My A.I. Neighbor를 말하는 거니? 나는 그것에 대해 들어봤어.

여: 그래. 오늘밤에 나와 함께 그 영화를 보러 갈래?

남: 음, 못 갈 것 같아.

여: 왜 못가?

남: 나는 오늘밤에 학교 도서관에서 일해야 해.

여: 나는 네가 오늘 도서관에서 일할 예정이 아니라고 생각했어.

남: 아니었어. 하지만 내 동료가 오늘 밤에 자기 할머니의 생일 파티에 참석할 거라서 내가 그녀를 위해 내 스케줄을 바꿨어.

여: 알겠어. 다음으로 미루어야겠군.

남: 음, 내게 이번 주 토요일 야구 게임 표가 있어. 함께 갈래?

여: 그것 정말 좋겠다.

:::: **핵심 표현 학습** ::::

1. be over : ~이 끝나다

ⓔⓧ The process will **be over** before he knows it. 그가 모르는 사이에 끝날 거에요.

2. I'm afraid I can't 동사원형 : 나는 ~하지 못할 것 같아

ⓔⓧ **I'm afraid I can't** attend the meeting tomorrow. 나는 내일 회의에 참석하지 못할 것 같아요.

:::: **핵심 어휘 학습** ::::

co-worker　　　(직장) 동료　　　　schedule　　　스케줄

대화를 듣고, 여자가 농구 경기를 보러 가지 못한 이유를 고르시오.

① 야근을 해야 했기 때문에

② 티켓이 매진되었기 때문에

③ 딸을 돌보아야 했기 때문에

④ 경기 일정이 변경되었기 때문에

⑤ 갑자기 출장을 가야 했기 때문에

여자가/농구 경기를 보러가지 못한	선택지 확인
◐ 비법 1) 초점대상 및 구체적 행동원인 확인	◐ 비법 2) 선택지로 소재 예측

M: Hi, Charlotte. How was the basketball game last night?

W: Well, unfortunately, **I couldn't go.**
　　　　　　　　　　못갔던 사유 암시

M: Oh, no! What happened? Were **the tickets sold out?**

W: **No**, I **bought a ticket in advance.**
　　비법 3) 질의응답(티켓매진-오답)

M: I'm not surprised. I know they're your favorite team.

W: Yeah. I even changed my work schedule to go to the game.

M: But you couldn't go. **Why not?**

W: Well, I had to **take care of my daughter** unexpectedly.
　　　　　　　　비법 3) 질의응답(자녀돌봄-정답)

M: Doesn't your husband usually **watch her on weekdays?**

W: He does. **But** suddenly he had to **go on a business trip** yesterday, so I had to take care of her.
　　비법 3) 질의응답(추가정보 정확히 확인)

M: That's too bad. Well, there's always next time.

해석

남: 안녕하세요, Charlotte. 어젯밤 농구 시합은 어땠어요?

여: 음, 아쉽게도 가지 못했어요.

남: 저런! 무슨 일이 있었어요? 표가 매진되었어요?

여: 아니요. 표는 미리 샀어요.

남: 놀랍지도 않군요. 제가 알기로는 (그들은) 당신이 가장 좋아하는 팀이 잖아요.

여: 그래요. 저는 심지어 그 게임을 보러 가려고 업무 일정까지 바꾸었어요.

남: 그렇지만 갈 수 없었군요. 왜 못 갔지요?

여: 음, 예상치 못하게 딸을 돌보아야 했어요.

남: 평일에는 남편께서 보통 딸을 돌보시지 않나요?

여: 그렇지요. 그런데 어제는 갑자기 남편이 출장을 가야 해서 제가 딸을 돌보아야 했어요.

남: 참 안됐군요. 음, 늘 다음번이 있지요.

:::: **핵심 표현 학습** ::::

1. in advance : 미리, 사전에

ⓔ Find out how you can save money on flight tickets by booking **in advance**.

　미리 예약을 함으로써 비행기 표에 돈을 절약하는 방법을 알아보세요.

2. I'm not surprised. : 나는 놀라지 않는다, 당연하다고 생각한다

ⓔ A: She has suddenly run away to Europe yesterday. 그녀가 어제 갑자기 유럽으로 달아났어요.

　B: **I'm not surprised**. 나는 놀랍지 않아요.

:::: **핵심 어휘 학습** ::::

favorite	마음에 드는	unexpectedly	예상치 못하게

대화를 듣고, 여자가 <u>송별회 장소를 변경한</u> 이유를 고르시오.

① 참석 인원에 변경 사항이 생겨서

② 예약한 레스토랑의 평이 안 좋아서

③ 모임 장소로 가는 교통편이 불편해서

④ 송별회 주인공이 다른 메뉴를 원해서

⑤ 해산물 알레르기가 있는 동료들이 있어서

여자가/송별회 장소를 변경한	선택지 확인
▶ 비법 1) 초점대상 및 구체적 행동원인 확인	▶ 비법 2) 선택지로 소재 예측

M: Hey, Laura. What's up?

W: You know we're having a farewell party for our boss, Miranda, next Friday, right?

M: Yes. The party is at 7 p.m. at the seafood restaurant downtown, isn't it?

W: That was the original plan. But I **changed the place.**
　　　　　　　　　　　　　　장소변경 사유 암시

M: Oh, really? Didn't you say **that restaurant is known for their great service** and **reasonable price?** 비법 3) 질의응답(서비스와 가격문제-오답)

W: Yeah. That's why I booked a table there. But I changed the place to the Italian restaurant near the seafood restaurant.

M: I guess you did that because Miranda loves Italian food.

W: She does, **but she also really likes seafood.**
　　　　　비법 3) 질의응답(다른 메뉴 원함-오답)

M: Then, **why did you change the place?**

W: I found out that **some of our coworkers have seafood allergies.**
　　　　　비법 3) 질의응답(동료의 해산물 알레르기-정답)

M: Oh, that's why. By the way, Janet from the sales department said she wanted to come.

W: Great! I'm sure Miranda will be happy to see her.

해석

남: 안녕, Laura. 무슨 일이에요?

여: 다음 주 금요일에 우리가 우리 상사인 Miranda를 위해 송별회를 하려고 하는 것 알죠?

남: 예. 송별회는 시내의 해산물 음식점에서 오후 7시에 있어요, 그렇지 않나요?

여: 그것이 원래 계획이었어요. 하지만 제가 장소를 바꿨어요.

남: 오, 정말이에요? 그 음식점이 훌륭한 서비스와 적당한 가격으로 유명하다고 말하지 않았나요?

여: 그래요. 그것이 그곳의 테이블을 예약한 이유예요. 하지만 장소를 그 해산물 음식점 근처의 이탈리아 음식점으로 변경했어요.

남: Miranda가 이탈리아 요리를 좋아하기 때문에 그렇게 한 것 같군요.

여: 그녀는 이탈리아 요리를 좋아하지만, 해산물도 정말 좋아해요.

남: 그러면, 왜 장소를 변경했나요?

여: 우리의 직장 동료 몇 사람이 해산물 알레르기가 있다는 것을 알게 되었어요.

남: 오 그런 이유군요. 그런데 영업부의 Janet이 오고 싶다고 말했어요.

여: 좋아요! Miranda가 그녀를 보면 틀림없이 좋아할 거예요.

:::: **핵심 표현 학습** ::::

1. What's up? : 무슨 일이에요?

ⓔⓧ A: **What's up?** 무슨 일이에요?

B: Nothing. I'm just working. 아니에요. 그저 일하고 있어요.

2. That's why+주어+동사 : 그래서 [주어+동사]에요

ⓔⓧ **That's why** he'll leave his country. 그래서 그는 자기 나라를 떠날 거예요.

:::: **핵심 어휘 학습** ::::

farewell party	송별회	reasonable	적당한, 합리적인
book	예약하다	department	부서

대화를 듣고, **동아리 봉사 활동이 연기된 이유**를 고르시오.

① 기부받은 옷 정리 시간이 더 필요해서

② 동아리 홍보 동영상을 제작해야 해서

③ 중간고사 기간이 얼마 남지 않아서

④ 동아리 정기 회의를 개최해야 해서

⑤ 기부 행사 참가자가 부족해서

동아리 봉사 활동이 연기된	선택지 확인
▶ 비법 1) 초점대상 및 구체적 행동원인 확인	▶ 비법 2) 선택지로 소재 예측

W: Hi, John. We just finished the volunteer club meeting.

M: Hi, Alice. Sorry, I'm late. Did I miss anything important?

W: Well, **we postponed our volunteer work** at the homeless shelter until next week. 동아리 봉사활동 연기 사유 암시

M: **Why?** Is it because **midterm exams** are coming up?

W: **No**. That's not a problem. All of our members still want to participate.
비법 3) 질의응답(중간고사-오답)

M: Then, **why did we postpone?**

W: You know we **posted a video online** about our club last week, right?
비법 3) 질의응답(동영상 제작-오답)

M: Sure. I helped make the video. It was a big hit.

W: Well, since then, we've **received more clothes donations** than ever.
비법 3) 질의응답(옷 기부-오답)

M: Oh, that's great news. But it sounds like a lot of work.

W: Yes. We need **more time to organize the clothes** by size and season.
비법 3) 질의응답(옷 정리-정답)
That's why we postponed.

M: I get it. When will we start?

W: We're going to start organizing them tomorrow morning.

M: Okay. I'll see you then.

해석

여: 안녕, John. 우리는 방금 자원봉사 동아리 모임을 끝냈어.

남: 안녕, Alice. 미안해, 늦었어. 내가 중요한 걸 놓쳤니?

여: 음, 우리는 노숙자 보호소에서의 자원봉사 활동을 다음 주로 연기했어.

남: 왜? 중간고사가 다가와서 그런 거니?

여: 아니야. 그건 문제가 아니야. 우리 회원들은 모두 그래도 참여하기를 원해.

남: 그렇다면 우리가 왜 미뤘니?

여: 너 우리가 지난주에 우리 동아리에 관한 동영상을 인터넷에 올린 거 알지?

남: 물론이지. 내가 그 동영상 제작을 도왔잖아. 그것은 큰 성공이었지.

여: 음, 그때 이후로, 우리는 그 어느 때보다도 더 많은 의류 기부를 받았어.

남: 오, 그거 좋은 소식이구나. 하지만 그것은 많은 일거리처럼 들린다.

여: 맞아. 옷을 크기와 계절별로 정리하려면 우리는 더 많은 시간이 필요해. 그래서 연기한 거야.

남: 알겠어. 우리 언제 시작할 거니?

여: 우리는 내일 아침에 그것들을 정리하기 시작할 거야.

남: 알았어. 그때 보자.

:::: **핵심 표현 학습** ::::

1. It is because+주어+동사 : [주어+동사]때문이다

ex **It is because** the owner of this building has thrown away the garbage without care.
그것은 이 건물주가 함부로 쓰레기를 버렸기 때문이예요.

2. sound like+명사/ 주어+동사 : [명사/ 주어+동사]처럼 들린다

ex She **sounds like** she is angry. 그녀가 화난 것처럼 들려요.

:::: **핵심 어휘 학습** ::::

postpone	연기하다	homeless shelter	노숙자 보호소[쉼터]
donation	기부		

1 ⟫⟫ playing against | took the day off | medical check-up | retirement

2 ⟫⟫ awesome | dormitory | adjust to | made that decision

3 ⟫⟫ over | I'm afraid I can't | co-worker | schedule

4 ⟫⟫ in advance | surprised | favorite | unexpectedly

5 ⟫⟫ What's up | farewell party | reasonable | That's why

6 ⟫⟫ postponed | homeless shelter | it because | sounds like

(3) 실전 연습 문제

1 답 : ⑤ (2018년 9월 평가원)   본문 p59

1. Megan's Bites에 관한 다음 내용을 듣고, 일치하지 <u>않는</u> 것을 고르시오.

① **수제 과자**로 유명하다.

② 주인의 **할머니**가 만든 **조리법**을 사용한다.

③ 겉은 **바삭하고** 속은 **부드러운** 과자를 만든다.

④ **2017**년에 DessertMagazine에 의해 최고의 과자가게로 선정됐다.

⑤ 다음 달에 New York에 second store을 열 예정이다.

선택지 확인
▶ 비법 1) 선택지 보고 주요내용 영어로 적어두기

① handmade cookies
_____

② grandmother, recipe
_____

③ crispy, soft

④ 2017, Dessert Magazine

⑤ New York, second store

M: Are you tired of always eating the same cookies from the supermarket? 비법 3) 선택지와 무관한 내용, 가볍게 듣기

Then, it's time to visit Megan's Bites, a store famous for their **handmade cookies.** 비법 2) 선택지①번확인→일치→소거

They use **a recipe** that the owner's **grandmother** created.
└─ 비법 2) 선택지②확인→일치→소거 ─┘

Thanks to this recipe, Megan's Bites makes cookies which are **crispy** on the outside and **soft** on the inside.
비법 2) 선택지③번확인→일치→소거

They're so delicious that you won't be able to stop eating them. In fact, Megan's Bites was selected as **the best cookie** store by Dessert Magazine in **2017**. 비법 2) 선택지④번확인→일치→소거

Their first store is located in Boston. But their cookies are **so popular that last month they opened their second store, which is in New York.** 비법 2) 선택지⑤번확인→불일치→정답

Why don't you go and try their cookies yourself? You won't regret it.

해석

남: 항상 슈퍼마켓에서 산 똑같은 과자를 먹는 것에 지쳤나요? 그렇다면, 수제 과자로 유명한 가게인, Megan's Bites를 방문할 때입니다. 그들은 주인의 할머니가 만든 조리법을 사용합니다. 이 조리법 덕분에 Megan's Bites에서는 겉은 바삭하고 속은 부드러운 과자를 만듭니다. 그것들은 너무 맛있어서 먹는 것을 멈출 수 없을 것입니다. 사실, Megan's Bites는 2017년에 'Dessert Magazine'에 의해 최우수 과자 가게로 선정되었습니다. 그들의 1호점은 Boston에 있습니다. 하지만 그들의 과자가 너무나도 인기가 많아서 지난달에 그들은 2호점을 열었는데, 그것은 New York에 있습니다. 가서 그들의 과자를 직접 드셔보시는 게 어떨까요? 후회하지 않을 것입니다.

:::: **핵심 표현 학습** ::::

1. be tired of (동)명사 : ~에 지치다

ex He seems to **be tired of** waiting for her. 그는 그녀를 기다리는 것에 지친 것처럼 보인다.

2. It's time to 동사원형 : ~할 때이다

ex **It's time to** reflect on the past year. 지난해를 반성해 볼 때이다.

:::: **핵심 어휘 학습** ::::

handmade	수제의	recipe	조리법
crispy	바삭한		

---

2. 2018 Youth History Tour에 관한 다음 내용을 듣고, 일치하지 <u>않는</u> 것을 고르시오.

① 역사에 대한 **학생들의 관심 증진**이 목적이다.

② **7월 25일**부터 **7월 31일**까지 진행된다.

③ **다섯 개의 도시**를 방문할 예정이다.

④ **역사가**가 **안내**할 것이다.

⑤ 여행자 **보험료**가 **참가비**에 포함되어 있다.

> **선택지 확인**
> ▶ 비법 1) 선택지 보고 주요내용 영어로 적어두기

① students' interest
_____

② July 25th, July 31th
_____

③ five cities
_____

④ historian, guide
_____

⑤ insurance, participation fee
_____

W: Good morning, students. This is your history teacher, Ms. Spencer. I have an announcement on the 2018 Youth History Tour. 비법 3) 선택지와 무관한 내용, 가볍게 듣기

This tour aims **to promote students' interest** in history.
    비법 2) 선택지①번확인→일치→소거

It's a one-week tour which goes from **July 25th** to **July 31st.**
    비법 2) 선택지②번확인→일치→소거

During this period, the students who join this tour will **visit five cities**
    비법 2) 선택지③번확인→일치→소거

A historian will guide the tour and offer in-depth explanations of each location. 비법 2) 선택지④번확인→일치→소거

The participation fee is $170, **but traveler's insurance isn't included.** 비법 2) 선택지⑤번확인→불일치→정답

You'll need to buy it yourself. I hope that many students will join the tour and have a memorable experience. Please visit my office by this Friday for more information. Thank you.

해석

여 : 학생 여러분, 안녕하십니까? 저는 여러분의 역사 교사인 Spencer 선생님입니다. '2018 청소년 역사 여행'에 대해 알려드리겠습니다. 이 여행은 학생들의 역사에 대한 관심을 증진시키는 것을 목표로 합니다. 7월 25일부터 7월 31일까지 진행되는 일주일간의 여행입니다. 이 기간에 이 여행에 참여하는 학생들은 다섯 개 도시를 방문해서 그 도시들의 다양한 역사적인 장소를 답사하게 될 것입니다. 역사가가 여행을 안내하고 각 장소에 대한 상세한 설명을 제공해 줄 것입니다. 참가비는 170달러인데, 여행자 보험료가 포함되어 있지 않습니다. 여러분이 직접 구매해야 할 겁니다. 많은 학생이 이 여행에 참여해서 기억에 남는 경험을 하게 되기를 바랍니다. 더 많은 정보를 원하시면 이번 주 금요일까지 제 사무실을 방문해 주세요. 감사합니다.

:::: **핵심 표현 학습** ::::

1. from ~ to … : ~부터 …까지

ⓔⓧ All of the students sitting on the chair **from** 1st line **to** 3rd line are graduates.

1열부터 3열까지 의자에 앉은 모든 학생들은 졸업생이다.

2. aim to 동사원형 : ~하는 것을 목표로 하다

ⓔⓧ They may **aim to** take their dog for three walks every day.

그들은 개를 데리고 매일 3번의 산책을 하기로 목표를 세웠을지도 모른다.

:::: **핵심 어휘 학습** ::::

in-depth   상세한   insurance   보험(료)

3. The International Air Show에 관한 다음 내용을 듣고, 일치하지 <u>않는</u> 것을 고르시오.

① **10개국**이 참가할 것이다.

② 비행 공연 전에 <u>사인 행사</u>가 있을 것이다.

③ 방문객은 <u>전시된 비행기</u> 안에 들어갈 수 있다.

④ <u>8세 이하 어린이</u>는 <u>무료</u>로 입장한다.

⑤ <u>무료 셔틀버스</u>를 운행할 것이다.

① 10 countries
_____

② autograph event
_____

③ planes on display
_____

④ eight and under, free
_____

⑤ free shuttle bus

선택지 확인
▶ 비법 1) 선택지 보고 주요내용 영어로 적어두기

M: Hello, listeners! The International Air Show is coming back to our town. This year, <u>**10 countries will participate**</u> in the show, bringing over 100 aircraft in total. 비법 2) 선택지①번확인→일치→소거
It'll take place at the Air Force Museum on November 23rd and 24th. Participating airplanes will fly in fantastic formations and show thrilling performances. <u>**After the flying**</u>
비법 3) 선택지와 무관한 내용, 가볍게 듣기
<u>**performances**</u>, there will be an <u>**autograph event.**</u>
비법 2) 선택지②번확인→불일치→ 정답
Retired legendary pilots will be there to meet their fans and sign autographs. 비법 3) 선택지와 무관한 내용, 가볍게 듣기
In addition, visitors can get in <u>**the planes**</u> that are <u>**on display.**</u>
비법 2) 선택지③번확인→일치→소거
Enjoy all this for just 20 dollars. <u>**Children ages eight and under**</u> get <u>**free admission**</u>. 비법 2) 선택지④번확인→일치→소거
Parking spaces are limited. However, <u>**free shuttle buses**</u> will operate from   비법 2) 선택지⑤번확인→일치→소거
Central Station to the museum. Come and enjoy the show!

해석

남: 안녕하십니까, 청취자 여러분! 국제 에어쇼가 우리 도시에 다시 옵니다. 올해는 10개국이 참가해 총 100대가 넘는 항공기를 가져올 것입니다. 그것은 11월 23일과 24일에 공군 박물관에서 열릴 것입니다. 참가 비행기들은 환상적인 대형으로 날며 짜릿한 공연을 보여줄 것입니다. 비행 공연 후에 사인 행사가 열릴 것입니다. 은퇴한 전설적인 조종사들이 거기에 와서 팬들을 만나고 사인을 해 줄 것입니다. 또한, 방문객들은 전시되어 있는 비행기 안에 들어갈 수 있습니다. 이 모든 것을 단 20달러로 즐기십시오. 8세 이하의 어린이들은 무료로 입장할 수 있습니다. 주차 공간이 제한되어 있습니다. 하지만 Central Station에서 박물관까지 무료 셔틀버스가 운행될 것입니다. 오셔서 쇼를 즐기십시오!

:::: 핵심 표현 학습 ::::

1. take place : 열리다, 개최하다

ex Filming will **take place** outside the main entrance of the Daejeon Station this weekend on Sunday.
촬영이 이번 주말 일요일에 대전역 주 출입구 밖에서 열릴 예정이다.

2. in addition : 게다가

ex People get financial help by having a job, **in addition**, they get valuable work experience.
사람들은 직업을 가짐으로써 경제적 도움을 얻는데다가, 귀중한 업무 경험도 얻는다.

:::: 핵심 어휘 학습 ::::

aircraft	항공기	formation	대형, 편대
autograph event	사인 행사	legendary	전설적인

4. Sunstone City Library에 관한 다음 내용을 듣고, 일치하지 <u>않는</u> 것을 고르시오

① <u>8월 5일</u>에 개관한다.

② <u>Kingsbury Museum</u>을 설계한 건축가가 설계했다.

③ <u>가상현실</u> 기기를 <u>무료로</u> 사용할 수 있다.

④ <u>Sunstone City</u>에서 가장 많은 도서를 보유하고 있다.

⑤ <u>개관일</u>에 방문객에게 <u>선물</u>을 줄 예정이다.

① August 5th
② Kingsbury Museum
③ virtual reality, free
④ Sunstone City
⑤ opening day, gift

선택지 확인
▶ 비법 1) 선택지 보고 주요내용 영어로 적어두기

W: Hello, Beautiful Moment listeners. I'm Sarah Cliff. I have great news. The Sunstone City Library opens on **August 5.**
　　　　　　　　　비법 2) 선택지①번확인→일치→소거
Persons gain valuable work experience and, in addition, employers can afford to employ them. I know many of you are excited about this. 비법 3) 선택지와 무관한 내용, 가볍게 듣기
The library was designed by famous architect Samuel Lewis, who's known for having designed **the Kingsbury Museum.**
　　　　　　　　　비법 2) 선택지②번확인→일치→소거
This library offers a wide range of virtual reality experiences in its science section. **The virtual reality** devices can be used for free.　　비법 2) 선택지③번확인→일치→소거
What this library is most proud of is its book collection.
It has **the second largest collection** of books in Sunstone City.　비법 2) 선택지④번확인→불일치→정답
There's another thing you should know.
On the opening day, **the library will give visitors a gift.**
　　　　　　　비법 2) 선택지⑤번확인→일치→소거
Why don't you visit the library for a wonderful experience? I'll be back after a commercial break. Stay tuned!

해석

여 : Beautiful Moment 청취자 여러분, 안녕하세요. 저는 Sarah Cliff입니다. 전해 드릴 매우 좋은 소식이 있습니다. Sunstone City Library가 8월 5일에 개관합니다. 여러분 중 많은 사람이 이 일에 대해 들떠 있다는 것을 알고 있습니다. 그 도서관은 유명한 건축가인 Samuel Lewis에 의해 설계되었는데, 그는 Kingsbury Museum을 설계한 것으로 유명합니다. 이 도서관은 과학 부문에서 매우 다양한 가상현실 체험을 제공합니다. 가상현실 기기는 무료로 사용할 수 있습니다. 이 도서관이 가장 자랑스러워하는 것은 소장 도서입니다. 그것은 Sunstone City에서 두 번째로 많은 소장 도서를 보유하고 있습니다. 여러분이 알아야 할 또 한 가지가 있습니다. 개관일에 도서관에서 방문객들에게 선물을 줄 것입니다. 도서관을 방문해서 놀라운 경험을 해 보는 게 어떨까요? 광고 시간 후에 다시 돌아오겠습니다. 계속 청취해 주세요.

:::: 핵심 표현 학습 ::::

1. be known for (동)명사 : ~로 유명하다

ex The museum **was known for** putting on interesting exhibitions.

그 미술관은 흥미로운 전시회를 열기로 유명하다.

2. a (wide) range of 명사 : 다양한

ex The factory has **a wide range of** engines and heavy machinery.

그 공장은 대단히 다양한 엔진들과 중장비들을 지니고 있다.

3. be proud of (동)명사: ~을 자랑스러워하다

ex Almost all of the parents **are proud of** their children's achievements.

거의 대부분의 부모들은 자식들이 이뤄낸 일을 자랑스러워 한다.

:::: 핵심 어휘 학습 ::::

architect	건축가	commercial break	광고 방송을 위한 프로그램 중단 시간
virtual reality	가상현실		

5. Bluemont Salt Mine의 특별 행사에 관한 다음 내용을 듣고, 일치하지 <u>않는</u> 것을 고르시오.

① **10월 10일**부터 **10월 16일**까지 진행된다.

② **가장 깊은** 구역에 입장이 허용된다.

③ **사진 촬영**이 가능하다.

④ **입장료**는 **무료**이다.

⑤ **방문객들**에게 **선물**을 준다.

① October 10th, October 16th

② the deepest

③ take pictures

④ the admission fee, for free

⑤ visitors, a gift

선택지 확인
▶ 비법 1) 선택지 보고 주요내용 영어로 적어두기

M: Hello, listeners. I'm Bernard Reed from Bluemont Salt Mine. I'm pleased to announce that we're having a special event from **October 10th to October 16th.** 비법 2) 선택지①번확인→일치→소거
It's to celebrate the 500th anniversary of the salt mine's opening. 비법 3) 선택지와 무관한 내용, 가볍게 듣기
During this event, visitors will be allowed to enter **the deepest** part of our mine. 비법 2) 선택지②번확인→일치→소거
Also, you'll have the chance to dress up in our traditional miner's clothes. Feel free to **take pictures** to remember your visit. 비법 2) 선택지③번확인→일치→소거
But that's not all. There will be a **50% discount on the admission fee** for all visitors. 비법 2) 선택지④번확인→일치→소거
Last but not least, we're giving away **a gift** to all **visitors.**
비법 2) 선택지⑤번확인→일치→소거
It's a badge with the Bluemont logo on it. For more information, please visit our website. 비법 3) 선택지와 무관한 내용, 가볍게 듣기

해석
남: 안녕하세요, 청취자 여러분. Bluemont 소금 광산의 Bernard Reed입니다. 10월 10일부터 10월 16일까지 진행될 특별 행사를 발표하게 되어 기쁩니다. 그건 소금 광산 개장 500주년을 기념하기 위한 것입니다. 이 행사 동안, 방문객은 우리 광산의 가장 깊은 구역에 입장하는 것이 허용될 것입니다. 또한, 여러분은 우리 전통 광부들의 옷을 입을 기회가 있을 것입니다. 여러분의 방문을 기억하기 위해 자유롭게 사진을 찍으십시오. 하지만 그게 전부는 아닙니다. 모든 방문객에게 입장료의 50%를 할인해줄 것입니다. 마지막으로 덧붙일 중요한 것은, 우리는 모든 방문객에게 선물을 나눠 드릴 것입니다. 그것은 Bluemont 로고가 새겨진 배지입니다. 더 많은 정보를 원하시면, 당사의 웹사이트를 방문해 주십시오.

:::: **핵심 표현 학습** ::::

1. be pleased to 동사원형 : ~에 기뻐하다

ex I **am pleased to** inform you that the doll you ordered has arrived.
당신이 주문한 인형이 도착했음을 기쁜 마음으로 알려 드립니다.

2. feel free to 동사원형 : 마음대로 ~ 하다

ex If there's anything you need from Mr. Robert, please **feel free to contact** the office manager.
로버트씨에게 요청할 일이 생기면 언제든지 사무실 매니저에게 연락해주길 바랍니다.

:::: **핵심 어휘 학습** ::::

| mine | 광산 | celebrate | 기념하다, 축하하다 |
| anniversary | 기념일 | admission fee | 입장료 |

6. Kaufman Special Exhibition에 관한 다음 내용을 듣고, 일치하지 <u>않는</u> 것을 고르시오.

① <u>1995</u>년에 처음 개최되었다.

② <u>월요일</u>에는 열리지 않는다.

③ 올해의 주제는 **예술**과 **기술**의 결합이다.

④ 일일 관람객 수를 **100명**으로 **제한**한다.

⑤ **예매**를 통해 **할인**을 받을 수 있다

선택지 확인
> 비법 1) 선택지 보고 주요내용 영어로 적어두기

① in 1995

② Monday

③ art, technology

④ hundred, limit

⑤ booking, discount

W: Hi, DSNB listeners! This is Olivia Wilson with One Minute Culture News. I'd like to introduce the upcoming Kaufman Special Exhibition. 비법 3) 선택지와 무관한 내용, 가볍게 듣기
This event was first held **in 1995** and continues to be loved by the art community. 비법 2) 선택지①번확인→일치→소거
Starting August 1st, the exhibition is open for a month, every day except **Mondays.** 비법 2) 선택지②번확인→일치→소거
You can experience the exhibition in the West Hall of Timothy Kaufman Gallery. This year's theme is the combination of **art** and **technology.** 비법 2) 선택지③번확인→일치→소거
You can see unique artwork created with the help of modern technology. 비법 3) 선택지와 무관한 내용, 가볍게 듣기
The number of daily visitors is **limited to 300** to avoid crowding. 비법 2) 선택지④번확인→불일치→정답
You can buy tickets on site, but **booking** in advance gets you a 20% **discount.** 비법 2) 선택지⑤번확인→일치→소거
To learn more, please visit their website. Next is weather with Sean. Stay tuned. 비법 3) 선택지와 무관한 내용, 가볍게 듣기

해석

여: 안녕하세요, DSNB 청취자 여러분! 저는 '1분 문화 뉴스'의 Olivia Wilson입니다. 저는 곧 있을 Kaufman 특별전을 소개해드리고 싶습니다. 이 행사는 1995년에 처음 개최되어 예술계의 사랑을 계속 받고 있습니다. 8월 1일부터 월요일을 제외한 매일, 한 달간 전시회가 열립니다. 여러분은 Timothy Kaufman 미술관의 West Hall에서 전시회를 경험할 수 있습니다. 올해의 주제는 예술과 기술의 결합입니다. 여러분은 현대 기술의 도움으로 만들어진 독특한 예술작품을 볼 수 있습니다. 혼잡을 피하기 위해 일일 관람객 수를 300명으로 제한합니다. 현장에서 입장권을 구입할 수 있지만, 사전에 예매하면 20% 할인을 받습니다. 더 알고 싶으시면, 그 전시회의 웹사이트를 방문하세요. 다음은 Sean이 전해드리는 날씨입니다. 채널 고정하세요.

:::: 핵심 표현 학습 ::::

1. would like to 동사원형 : ~ 하고 싶다

ex They **would like to see** closer cooperation between parents and schools.
　그들은 부모님들과 학교 사이에 더 긴밀한 협력이 이뤄지는 것을 보고 싶어한다.

2. the number of (복수)명사 : ~의 수

ex **The number of** people employed in technology has increased in the last decade.
　기술분야에 종사자의 수가 지난 십년 동안 증가해왔다.

:::: 핵심 어휘 학습 ::::

upcoming	다가오는, 곧 있을	art community	예술계
combination	결합	limit	제한하다

(4) 핵심표현 및 핵심어휘 확인 Dictation

본문 p61~63

1 ➤➤➤ Are you tired of | it's time to | handmade | crispy

2 ➤➤➤ aims to | from July 25th to July 31st | in-depth | insurance

3 ➤➤➤ take place | autograph event | legendary | In addition

4 ➤➤➤ known for | a wide range of | proud of | commercial break

5 ➤➤➤ pleased to | celebrate | Feel free to | admission fee

6 ➤➤➤ I'd like to | art community | combination | The number of

(3) 실전 연습 문제

① 답 : ④ (2020년 9월 평가원)   본문 p66

W: Honey, what should we get for our granddaughter, Emily, for her birthday?

M: Well, I've been looking up crayon sets on the Internet. Do you want to see?

W: Sure. [Pause] **How many crayons** do you think are enough?
　　　　　　　　비법 1) 가로축 확인

M: I think **48 crayons are too many** for a six year old.
　　　　비법 2) 48 (선택지 ⑤) 소거

W: **I agree.** But I also **want to spend more than $ 10** on our
비법 3) 동의표현　　　　비법 2) $9 (선택지 ①) 소거

　　granddaughter's present.

M: Definitely. Do you think she needs **washable ones?**
　　　　　　　　　　비법 1) 가로축 확인

W: **Yes.** That way Emily can wash off crayon marks if she gets
비법 3) X (선택지 ③) 소거

　　them on her hands.

M: I see. Look. Each set comes with **a free gift.** 비법 1) 가로축 확인

W: **Oh, that's right.** Which one is better for her, a sharpener or a
비법 3) 동의표현

　　coloring book?

M: I think **the coloring book is better** because she likes to collect
　　　　　비법 2) sharpener (선택지 ②) 소거

　　all kinds of coloring books.

W: Right. I really think she's going to love our present.

M: Then, it's settled. Let's order this one.

해석

여: 여보, 우리 손녀 Emily의 생일 선물로 뭘 사줘야 할까요?

남: 글쎄요, 인터넷에서 크레용 세트를 찾고 있었어요. 볼래요?

여: 물론이죠. [잠시 후] 크레용이 몇 개면 충분하다고 생각해요?

남: 48개 크레용은 여섯 살 아이에게는 너무 많다고 생각해요.

여: 동의해요. 하지만 나는 또한 우리 손녀딸 선물에 10달러보다 많은 돈을 쓰고 싶어요.

남: 물론이죠. 그녀에게 씻어낼 수 있는 크레용이 필요하다고 생각해요?

여: 그래요. 그래야 Emily가 손에 크레용 자국이 묻으면 씻어낼 수 있어요.

남: 그러네요. 봐요. 세트마다 사은품이 함께 들어 있어요.

여: 오, 맞네요. 연필깎이와 색칠하기 책 중에 어떤 것이 그녀에게 더 좋은가요?

남: 그녀가 모든 종류의 색칠하기 책을 모으는 것을 좋아하니까 색칠하기 책이 더 좋다고 생각해요.

여: 맞아요. 그녀가 우리 선물을 좋아할 것 같다는 생각이 진짜로 드네요.

남: 그럼, 결정되었어요. 이걸로 주문합시다.

:::: **핵심 표현 학습** ::::

1. Which one is better, A or B : A와 B 둘 중 어느 것이 더 나은가요?

ex **Which one is better**, going skiing **or** going swimming? 스키타기와 수영 중 어느 것이 더 나은가요?

2. It's settled. : 결정되었어요

ex O.K, then **it's settled.** Let's buy this one. 좋아요. 결정되었어요. 이걸로 사기로 해요.

:::: **핵심 어휘 학습** ::::

present	선물	washable	씻어낼 수 있는
mark	자국	free gift	사은품
sharpener	연필깎이	coloring book	색칠하기 책
settle	결정하다		

M: Hi, can I help you?

W: Hi. I'd like to see which classes your community center is offering in July.

M: Here. Take a look at this flyer.

W: Hmm.. I'm interested in all five classes, but I shouldn't take this one. **I'm allergic to certain flowers.** 비법 2) Flower Art class (선택지 ④)소거

M: Oh, that's too bad. Well, now you've got four options.

W: I see there's a wide range of fees. **I don't want to spend more than $100,** though. 비법 2) $110 (선택지 ⑤) 소거

M: All right. And how about the location?

Do you care which location you go to?

W: Yeah. **Greenville is closer to my home,** so I'd prefer my class to
　　　　　비법 2) Westside (선택지 ③) 소거

be there.

M: Okay. What time is good for you?

W: Well, I'm **busy until 6 p.m.,** so I'll **take a class after that.**
　　　　　비법 2) 5 p.m. (선택지 ①) 소거

M: I see. There's just one left then. It's a really popular class.

W: Great. Sign me up.

해석

남: 안녕하세요 도와드릴까요?

여: 안녕하세요 월에 주민 센터에서 어떤 강좌를 제공하는지 알고 싶습니다.

남: 여기 있습니다. 이 전단을 보세요.

여: 음 저는 다섯 강좌에 모두 흥미가 있는데 이 강좌는 들을 수가 없네요 저는 어떤 꽃에 알레르기가 있거든요.

남: 아, 안됐네요. 음 이제 네 개의 선택권이 있군요.

여: 수업료가 아주 다양하네요. 그런데 저는 100 달러보다 더 많이 쓰고 싶지 않아요.

남: 알겠습니다. 그리고 장소는 어떠세요? 어느 장소에 가는지에 신경을 쓰시나요?

여: 네. Greenville이 저희 집에 더 가까워서 저는 제 강좌가 그곳에 있는 걸 더 선호해요.

남: 좋습니다. 어느 시간이 좋으신가요?

여: 음, 제가 오후 6시까지는 바빠서 그 이후에 있는 강좌를 수강할 거예요.

남: 알겠습니다. 그러면 딱 한 개가 남는군요. 그건 정말 인기 있는 강좌입니다.

여: 잘됐네요 등록해 주세요.

:::: **핵심 표현 학습** ::::

1. allergic to : ~에 알레르기가 있는

ex I'm <u>allergic to</u> nuts. 저는 견과류에 알레르기가 있어요.

2. I'd prefer : 나는 ~을 더 선호한다

ex <u>I'd prefer</u> walking to climbing. 나는 등산보다 걷기를 더 선호해요.

3. sign up : 등록하다

ex Did you <u>sign up</u> for English conversation class? 당신은 영어회화 수업에 등록했나요?

:::: **핵심 어휘 학습** ::::

community center	주민센터	flyer	전단
option	선택권	fee	수업료
location	장소 위치	prefer	선호하다

M: Welcome to Camilo's Kitchen.

W: Hello. I'm looking for a cutting board.

M: Let me show you our five top-selling models, all at affordable prices. Do you have a preference for **any material**? We have plastic, maple, and walnut cutting boards. 비법 1) 가로축 확인

W: **I don't want the plastic one** because I think plastic isn't

비법 2) plastic (선택지 ①) 소거

environmentally friendly.

M: I see. What's your **budget range?** 비법 1) 가로축 확인

W: **No more than $50.** 비법 2) $55 (선택지 ⑤) 소거

M: Okay. Do you prefer one with or without **a handle**? 비법 1) 가로축 확인

W: I think a cutting board with a handle is easier to use. So **I'll take one with a handle.** 비법 2) X (선택지 ③) 소거

M: Then, **which size** do you want? You have two models left.

비법 1) 가로축 확인

W: Hmm. **A small-sized cutting board isn't convenient** when I cut

비법 2) small (선택지 ②) 소거

vegetables. I'll buy the other model.

M: Great. Then this is the cutting board for you.

해석

남: Camilo's Kitchen에 오신 걸 환영합니다.

여: 안녕하세요. 저는 도마를 찾고 있습니다.

남: 우리 가게에서 가장 잘 팔리는, 가격이 모두 알맞은 다섯 개의 모델들을 보여드리겠습니다. 어떤 선호하는 특별한 재질이 있나요? 플라스틱, 단풍나무, 호두나무 도마가 있습니다.

여: 플라스틱은 환경 친화적이 아니라고 생각하므로 플라스틱 도마는 원치 않습니다.

남: 알겠습니다. 예상 가격 범위는 어떻게 되시나요?

여: 50달러를 넘지 않았으면 해요.

남: 좋습니다. 손잡이가 있는 것 혹은 없는 것 중 어떤 것을 선호하시나요?

여: 손잡이가 있는 도마가 더 사용하기 쉬울 것 같아요. 그래서 손잡이 있는 것을 사겠어요.

남: 그러면 어떤 사이즈를 원하시나요? 두 가지 모델이 남았습니다.

여: 음. 작은 사이즈의 도마는 채소를 자를 때 편리하지 않아요. 다른 하나의 모델을 사겠어요.

남: 좋습니다. 그렇다면 이것이 손님을 위한 도마네요.

∷∷ **핵심 표현 학습** ∷∷

1. Do you prefer A or B? : A 혹은 B 중 어느 것을 더 좋아하니?

ex **Do you prefer** a yellow shirt **or** a blue shirt? 당신은 노란색 셔츠, 또는 파란색 셔츠 중에서 어느 것을 더 좋아하시나요?

∷∷ **핵심 어휘 학습** ∷∷

cutting board	도마	affordable	(가격이) 알맞은
material	물질, 재질	maple	단풍나무
handle	손잡이		

W: Justin, I'm thinking of buying one of these portable speakers. Can you help me choose one?

M: Sure. There are five products to select from. **How much** can you spend?　비법 1) 가로축 확인

W: **My maximum budget is 60 dollars.** 비법 2) $65 (선택지 ⑤) 소거

M: I see. Where are you going to use the speaker?

W: Mostly at home. It should weigh **less than one kilogram** though.
비법 2) 1.4kg (선택지 ④) 소거

M: Right. If it's light, you can use it wherever you want at home. How about **the battery life?** 비법 1) 가로축 확인

W: It needs to last **longer than eight hours.**
비법 2) 6 hours (선택지 ①) 소거

M: Okay. How about **the design**? I recommend you get
비법 1) 가로축 확인

one with fabric. It'll create a warmer atmosphere in your house.
비법 2) Aluminum (선택지 ③) 소거

W: **Good idea**. A fabric one will be a good match with my bedroom.
비법 3) 동의표현

M: Then, this is the best speaker for you.

W: It is. I'll buy it now.

해석

여: Justin, 내가 이 휴대용 스피커 중의 하나를 살 생각을 하고 있어. 내가 하나를 고르는 것을 도와줄 수 있니?

남: 그럼. 고를 수 있는 다섯 개의 제품이 있구나. 얼마를 쓸 수 있어?

여: 내 최대 예산은 60달러야.

남 : 그렇구나. 스피커를 어디에서 사용할 거야?

여: 주로 집에서지. 그런데 1킬로그램보다는 적어야 할 것 같아.

남: 맞아. 가벼워야 집에서 원하는 어디서든 그것을 쓸 수 있잖아. 건전지 수명은 어때?

여: 8시간보다 더 오래 지속되어야겠지.

남: 그래. 디자인은 어때? 나는 네가 직물로 된 것을 사기를 권해. 그게 네 집에서 더 온화한 분위기를 만들 거야.

여: 좋은 생각이야. 직물로 된 것은 내 침실에 잘 어울리는 것이 될 거야.

남: 그럼, 이게 너한테 가장 잘 맞는 스피커구나.

여: 맞아. 이제 그걸 살 거야.

:::: **핵심 표현 학습** ::::

1. less than : ~보다 적은, ~이하인
(ex) I study English **less than** I used to. 나는 영어공부를 전보다 덜 한다.

2. I recommend 목적어 to 동사원형 : 나는 [목적어]가 ~할 것을 추천한다
(ex) **I recommend** him to meet a counselor. 나는 그에게 자문위원을 만나볼 것을 추천한다.

:::: **핵심 어휘 학습** ::::

portable	휴대용인	budget	예산
fabric	직물	match	어울리는 것

M: Honey, I'm looking online for a picture frame for the painting we bought recently. Shall we choose one together?

W: Sure. Let me see. **How much** should we spend? 비법 1) 가로축 확인

M: I **don't want to spend more than $40**. I think a picture frame over
비법 2) $42(선택지 ③) 소거
that price is too expensive.

W: I see. Then let's go for a model under $40. Next, **which material**
do you want?　비법 1) 가로축 확인

M: I **don't like plastic.** What do you think?
비법 2) plastic (선택지 ⑤) 소거

W: **Me, neither**. It's not eco-friendly.
비법 3) 동의표현

M: Okay. Let's choose from the **non-plastic models**. Now what about
비법 2) plastic (선택지 ⑤) 소거
the color?　비법 1) 가로축 확인

W: Well, **not white. White wouldn't match** the painting well.
비법 2) white(선택지 ②) 소거

M: You're right. Plus, white gets dirty too easily.

W: Then we have two options left. Oh, they both come with **a free gift.**
비법 1) 가로축 확인
Which do you prefer, the picture key ring or the picture magnet?

M: Well, why don't we take **the picture magnet?**
비법 2) picture key ring(선택지 ①) 소거

W: **Alright**. It would be a great decoration for our refrigerator.
비법 3) 동의표현

M: Okay. Let's order this model.

해석

남 : 여보, 우리가 최근에 산 그림을 위한 그림 액자를 인터넷에서 찾고 있어요. 같이 하나를 골라 볼까요?

여 : 물론이죠. 어디 볼게요. 우리가 얼마나 많은 돈을 써야 할까요?

남 : 나는 40달러 넘게 쓰고 싶지 않아요. 나는 그 가격을 넘는 그림 액자는 너무 비싸다고 생각해요.

여 : 알겠어요. 그렇다면 40달러 미만의 모델로 해요. 다음으로 어떤 재료를 원하나요?

남 : 난 플라스틱을 좋아하지 않아요. 당신은 어떻게 생각해요?

여 : 나도 좋아하지 않아요. 그것은 환경 친화적이지 않아요.

남 : 좋아요. 플라스틱이 아닌 모델들 중에서 선택해요. 이제 색깔은 어떻게 해요?

여 : 음, 흰색은 안 돼요. 흰색은 그림과 잘 어울리지 않을 거예요.

남 : 맞아요. 게다가, 흰색은 너무 쉽게 더러워져요.

여 : 그러면 우리에게 두 가지 선택이 남았네요. 오, 그것들은 둘 다 무료 사은품을 제공하네요. 그림 열쇠고리나 그림 냉장고 부착용 자석 중 어떤 것이 더 좋은가요?

남 : 음, 그림 냉장고 부착용 자석을 택하는 게 어때요?

여 : 좋아요. 우리 냉장고에 멋진 장식이 될 거예요.

남 : 좋아요. 이 모델을 주문해요.

:::: **핵심 표현 학습** ::::

1. Shall we 동사원형? : 우리 ~ 할까요?

ex A : **Shall we** eat some dessert? 우리 디저트 좀 먹을까요?

B : It sounds great. What kind of dessert can we eat? 좋아요. 어떤 종류의 디저트를 먹을까요?

:::: **핵심 어휘 학습** ::::

picture frame	그림 액자	eco-friendly	환경 친화적인
match	어울리다	key ring	열쇠 고리
magnet	(냉장고 부착용) 자석	decoration	장식
refrigerator	냉장고		

M: Alice, Blackhills Hiking Jackets is having a big sale this weekend.

W: Nice. I need a jacket for the hiking trip next week, Jason.

M: Here. Have a look at their online catalog.

W: Wow! They all look nice. But I don't **want to spend more than $80.** 비법 2) $85 (선택지 ⑤) 소거

M: Then you should choose from these four. **How many pockets** do you want?　　　　　　　　　　　　　　　비법 1) 가로축 확인

W: The more the better. **Three pockets are not enough.**
　　　　　　　　　　　　비법 2) 3 pockets (선택지 ①) 소거

M: Does it need to be **waterproof?**
　　　　　　　　비법 1) 가로축 확인

W: **Of course. It's really important** because it often rains in the
　　비법 3) 동의표현　비법 2) waterproof X (선택지 ④)소거
mountains.

M: Then there's two options left.

W: I like this yellow one.

M: It looks nice, **but yellow can get dirty easily.**
　　　　　　　　　　비법 2) yellow (선택지 ③) 소거

W: **That's true.** Then I'll buy the other one.
　　비법 3) 동의표현

M: I think that's a good choice.

해석

남: Alice, Blackhills Hiking Jackets에서 이번 주말에 대규모 할인행사가 있을 예정이네요.

여: 잘됐네요. 다음 주에 있을 도보 여행을 위해 재킷이 필요하거든요, Jason.

남: 여기요. 온라인 카탈로그를 봐요.

여: 와! 모두 다 좋아 보여요. 하지만 80달러를 넘게 쓰고 싶지는 않아요.

남: 그렇다면 이 네 가지 중에서 선택해야 해요. 주머니는 몇 개가 있어야 하죠?

여: 많을수록 좋죠. 세 개의 주머니로는 충분하지 않아요.

남: 방수가 되어야 할까요?

여: 물론이죠. 산에서는 자주 비가 오기 때문에 그것은 정말 중요하죠.

남: 그럼 선택할 수 있는 것이 두 개가 남네요.

여: 이 노란 것이 마음에 들어요.

남: 좋아 보이지만, 노란색은 쉽게 더러워질 수 있어요.

여: 맞아요. 그럼 다른 것을 살게요.

남: 선택을 잘한 것 같아요.

:::: **핵심 표현 학습** ::::

1. The more the better : 많으면 많을수록 좋다

ⓔ A : How much should I donate for the earthquake victims?
지진 피해입은 사람들을 위해 내가 얼마를 기부하면 좋을까요?

　B : **The more the better.** 많으면 많을수록 좋아요

2. get 형용사 : ~해지다

ⓔ As people **get older**, they **get wiser**. 사람들은 나이가 들수록, 현명해진다.

:::: **핵심 어휘 학습** ::::

waterproof　　　　　방수의　　　　　　　option　　　　　　선택(할 수 있는 것)

1　washable　free gift　Which one is better　it's settled

2　flyer　allergic to　I'd prefer　Sign me up

3　cutting board　affordable　Do you prefer　handle

4　portable　budget　less than　I recommend

5　Shall we　eco-friendly　match　decoration

6　The more the better　waterproof　options　get dirty

10일차 주어진 대화의 응답

(3) 실전 연습 문제

1 답 : ② (2020학년도 수능)

본문 p73

W: Hi, Justin. I heard **you're going to be the MC** at the school festival. 비법 2) 상황파악(남자는 MC가 될 것이다)

M: Yes, I am, Cindy.

W: Do you have everything ready?

M: Mostly. I have all the introductions ready and I've practiced a lot.

W: I'm sure you'll do a great job.

M: I hope so, too. But there's **one thing I'm worried about.**

W: What is it? 비법 2) 상황파악(남자의 걱정거리)

M: I need **a suit**, so I'm thinking of buying one. But **it's expensive**,
비법 1) 주제 관련 단어 듣기(suit) 비법 2) 상황파악(정장이 필요하나 비쌈)
and I don't think I'll wear it after the festival.

W: Well, if you want, I can **ask my older brother to lend you one**
비법 2) 상황파악(정장빌려 줄 수 있나 알아봄)
of his suits. He has a lot of them.

M: Could you please?

W: I'd be happy to.

M: Thanks. But will his **suit be my size?** 비법 2) 상황파악(크기확인)

W: It will. You and my brother pretty much **have the same build.**
비법 3) 여자의 마지막 말 집중 비법 2) 상황파악(같은 체구)

M: _____

해석

여: 안녕, Justin. 네가 학교 축제에서 사회자가 될 거라는 말을 들었어.

남: 응, 맞아, Cindy야.

여: 준비 다 됐니?

남: 대부분. 모든 인사말은 준비되어 있고, 나는 연습을 많이 했어.

여: 나는 네가 잘 할거라고 확신해.

남: 나도 역시 그러길 바래. 하지만 걱정되는게 한 가지가 있어.

여: 그게 뭐니?

남: 정장이 필요해. 그래서 한 벌을 살까 생각중이야. 하지만 비싸고, 내가 축제 후에도 그것을 입을 것 같지는 않아.

여: 음, 네가 원한다면, 내가 오빠에게 그의 정장들 중 한 벌을 너에게 빌려 주라고 부탁할 수 있어. 그는 많이 가지고 있거든.

남: 그렇게 해줄래?

여: 기꺼이.

남: 고마워. 하지만 그의 정장이 내 크기에 맞을까?

여: 맞을 거야. 너와 내 오빠는 아주 흡사한 체구를 가지고 있어.

남: 네 오빠의 정장을 빌린다면 정말 좋겠어.

:::: 핵심 표현 학습 ::::

1. be going to 동사원형 : ~할 예정이다

ex A : What **are you going to** do tomorrow? 내일은 무엇을 할 건가요?

B : I am going to meet my old friends. 옛 친구들을 만날 겁니다.

2. do a great(good) job : (일을) 잘 하다, 잘 해내다

ex We elected him our mayor because we trusted him to **do a great job**.
우리는 그가 잘 해 낼 것이라 믿기 때문에 그를 우리의 시장으로 선출했다.

3. I'd be happy to. : 기꺼이 그럴게요

ex A : Could you help me solve this math problem with me? 이 수학 문제 푸는 걸 좀 도와줄 수 있어요?

B : **I'd be happy to**. 기꺼이 그럴게요.

:::: 핵심 어휘 학습 ::::

introduction	인사말	suit	정장
build	체구	awesome	멋진, 근사한

M: Amy, what are you reading?

W: **Dad**, it's a **book for my philosophy course.**
　　비법 2) 관계파악(부녀) 비법 1) 주제 관련 단어

M: Let me take a look. Wow! It's a book by Kant!

W: Yeah. **It's very difficult to understand.**
　　　　비법 2) 상황파악(철학책이 어려움)

M: You're right. His books take a lot of effort to read since they include his deep knowledge and thoughts.

W: I think so, too. **Do you have any ideas** for me **to understand the book** better, Dad? 비법 2) 상황파악(충고를 구함)

M: Well, **why don't you join a philosophy discussion group**?
　　　　　비법 2) 상황파악(충고에 대한 답 제시), 비법 1) 주제 관련 단어
You can find one in our area.

W: **Are there discussion groups for philosophy?** That sounds interesting.
　　비법 2) 상황파악(해결책 재확인), 비법 2) 주제 관련 단어

M: Yeah. You can share ideas with others in the group about the book you're reading.

W: You mean I can **understand Kant's book more clearly by discussing it?** 비법 2) 상황파악(해결책 재확인)

M: **Absolutely. Plus,** you can **develop critical thinking skills in the group** as well. 비법 3) 남자의 마지막 말 집중(토론의 장점을 강조)

W: _____

해석

남: Amy , 뭘 읽고 있는 중이니?

여: 아빠, 철학 수업을 위한 책이에요.

남: 어디 한번 보자. 와우! Kant의 책이구나.

여: 네. 이해하기가 매우 어려워요.

남: 맞아. 그의 책은 읽기에 많은 노력이 필요한해, 왜냐하면 그 책들에는 그의 깊은 지식과 사상이 담겨 있기 때문이지.

여: 저도 그렇게 생각해요. 제가 그 책을 더 잘 이해하는 데 (도움이 되는 좋은) 생각이 있으세요, 아빠?

남: 음, 철학 토론 모임에 가입하는 건 어떠니? 우리지역에서 하나를 찾을 수 있어.

여: 철학을 위한 토론 모임이 있다고요? 흥미롭게 들리는데요.

남: 그래. 네가 읽고 있는 책에 관하여 모임 내의 다른 사람들과 생각을 공유할 수 있지.

여: 아빠 말씀은, 토론을 통해 Kant의 책을 더 분명히 이해할 수 있다는 거죠?

남: 바로 그거지. 게다가, 너는 모임에서 비판적 사고 능력 또한 계발할 수 있어.

여: 아주 좋아요! 당장 근처에 (모임이) 있는지 확인 해 볼게요.

:::: **핵심 표현 학습** ::::

1. Why don't you 동사원형 ? : ~하는 건 어때요?

ex A : **Why don't you** try once more? 한번 더 시도해 보는 건 어때요?

　　B : O.K. If you help me, I'll try again. 좋아요. 당신이 도와준다면 다시 시도해볼게요.

:::: **핵심 어휘 학습** ::::

philosophy	철학	course	강좌, 과목
plus	게다가	critical	비판적인

[Cell phone rings.]

M: **Hi, Stacy. What are you doing** this afternoon?

W: **Hi, Ben**. I hope to finish my math homework around noon,

    비법 2) 관계파악(친구)   비법 2) 상황파악(계획 묻고 답하기)

    and after that I don't have any plans. Why?

M: I was thinking about going to **a cooking class** at 5 p.m.

    Do you want to come? 비법 1) 주제 관련 단어(cooking class)

    비법 2) 상황파악(쿠킹클래스 참여제안)

W: **A cooking class?** Isn't **cooking** difficult? I'm already stressed out

    비법 1) 주제 관련 단어(cooking class)

    from doing my homework.

M: Well, actually, I recently read an article that said **cooking** is very

    effective in relieving stress.   비법 1) 주제 관련 단어(cooking)

W: What do you mean?

M: When you cook, the smell from **the food** you're making can **help**

    you feel relaxed.

    비법 1) 주제 관련 단어(cooking class)

    – 쿠킹클래스에 관한 이야기 하지만 제안에 대한 답은 아직 나오지 않음

W: I can see that. The smell of a freshly-cooked meal calms me down.

M: That's what I mean. Also, when you eat the delicious food you

    make, you'll feel happy.

W: **That does sound appealing**. Perhaps it'll help me take my

    비법 2) 상황파악(제안에 대한 관심 표현)

    mind off schoolwork.

M: Exactly. **You should definitely come with me**.

    비법 3) 남자의 마지막 말 집중(처음 했던 제안을 다시한번 강조함. 같이가자)

W: _____

해석

남: 안녕, Stacy. 오늘 오후에 뭐 할거니?

여: 안녕, Ben. 정오쯤 수학 숙제를 끝내고 싶고, 그 다음에는 어떤 계획도 없어. 왜?

남: 오후 5시에 요리 수업에 갈까 생각 중이야. 너도 갈래?

여: 요리 수업? 요리는 어렵지 않니? 나는 숙제를 하느라 이미 스트레스가 쌓였어.

남: 음, 사실은 최근에 요리가 스트레스를 덜어주는 데 매우 효과가 있다는 내용의 기사를 읽었어

여: 무슨 말이야?

남: 요리할 때 네가 만들고 있는 음식 냄새가 긴장을 푸는 데 도움을 줄수 있대.

여: 이해가 된다. 새로 요리한 음식 냄새는 나를 진정시키지.

남: 내 말이 그 말이야. 또한 네가 만든 맛있는 음식을 먹으면 넌 행복하게 느낄거야.

여: 정말 솔깃하게 들린다. 어쩌면 그게 내가 숙제 생각을 그만하는 데 도움이 될 거야.

남: 맞아. 넌 나랑 꼭 같이 가야 해.

여: 한번 해볼게. 우리 몇 시에 만날까?

:::: **핵심 표현 학습** ::::

1. I can see that. : 알 것 같아, 이해가 된다

ⓔⓧ A : She was sick, so she couldn't contact you last weekend. 그녀가 아파서 지난주말에 당신에게 연락을 못했어요.

    B : <u>I can see that</u>. 나는 이해해요.

2. That does sound appealing. : 정말 솔깃하게 들린다, 매력적인 것 같다

ⓔⓧ A : Why don't we go on a picnic next Sunday? 우리 다음주 일요일 피크닉 가는 건 어때요?

    B : <u>That does sound appealing</u>. 정말 매력적으로 들리네요.

3. take one's mind off : ~의 일을 잊다

ⓔⓧ <u>Take your mind off</u> your troubles looking at the beautiful scenery. 아름다운 풍경을 보면서 당신의 고민을 잊어보세요.

4. give it a try : 시도하다, 한번 해 보다

ⓔⓧ I don't think I'll be any good at baseball, but I'll **give it a try.**

    내가 야구를 잘할 거라고 생각하지 않지만, 한번 시도는 해 볼게요.

:::: **핵심 어휘 학습** ::::

stress out	스트레스를 받다	article	기사
relieve	경감하다, 덜어주다	definitely	분명히
calm down	진정시키다		

M: **Honey**, what time are **we visiting the museum?**
　비법 2) 관계파악(부부)　　비법 2) 상황파악(박물관에 갈 예정)

W: We should be able to get to the museum at around 2 p.m.
　after having lunch at Nanco's Restaurant.

M: Okay. Are we taking the bus?

W: We have two kids with us and the museum is pretty far from
　the restaurant. **Let's drive.**　비법 2) 상황파악(운전해 갈 예정)

M: But it'll be hard to find **a parking space** at the museum today.
　　　　　　　　　비법 1) 주제 관련 단어(a parking space)
　There are so many visitors on the weekend.

W: **How about using an app** to search for **parking lots** near the museum?
　비법 2) 상황파악(제안)　　비법 1) 주제 관련 단어(app, parking lots)

M: Is there **an app** for that?
　비법 1) 주제 관련 단어(app)

W: Yes. The app is called Parking Paradise. It helps you find and
　reserve a parking spot.

M: **That's cool!** Have you tried it?
　비법 2) 상황파악(제안에 동의)

W: No. But I heard that it's user-friendly and convenient.

M: **It sounds handy.** Let me find the app and download it.
　비법 2) 상황파악(제안에 재동의)

W: Okay. **Can you find a parking space** while I get the kids ready?
　비법 3) 여자의 마지막 말 집중(주차공간을 찾아달라)

M: _____

해석

남: 여보, 우리 몇 시에 박물관에 갈건가요?

여: Nanco's Restaurant에서 점심을 먹은 후에 오후 2시 무렵에는 박물관에 도착할 수 있을 거예요.

남: 알았어요. 버스를 타는 거죠?

여: 우리는 두 아이를 데려가고 박물관은 그 식당에서 꽤 멀어요. 차를 몰고 가요.

남: 하지만 오늘은 박물관에서 주차 공간을 찾기가 어려울 거예요. 주말에는 아주 많은 방문객이 있어요.

여: 박물관 근처의 주차장을 찾아주는 앱을 사용해 보는 게 어때요?

남: 그런 앱이 있어요?

여: 그럼요. Parking Paradise라는 앱이에요. 그것은 주차할 자리를 찾아서 예약할 수 있게 도와줘요.

남: 멋지네요! 그걸 써본 적이 있나요?

여: 아니요. 하지만 그건 사용자 친화적이고 편리하대요.

남: 편리할 것 같네요. 그 앱을 찾아서 내려받을게요.

여: 좋아요. 내가 아이들을 준비시킬 동안 주차 공간을 찾을 수 있어요?

남: 물론이죠. 내가 그 앱을 확인하여 주차 자리가 있는지 알아보고 예약할게요.

:::: **핵심 표현 학습** ::::

1. That's cool. : 그거 멋지군요!

ex A : How about this new model of the camera? 이 새 카메라 모델은 어떤가요?

　B : **That's cool**! I love it!. 그거 정말 멋지군요. 좋아요.

2. It sounds handy. : 편리할 것 같네요

ex A : Self-driving cars don't need human driving. It will take you everywhere you want to go.
　　자율주행 자동차는 인간의 운전이 필요 없어요. 그것은 당신을 원하는 어디든 데려다 줄거예요.

　B : **It sounds handy**. 편리할 것 같네요.

:::: **핵심 어휘 학습** ::::

| parking space | 주차 공간 | reserve | 예약하다 |
| user-friendly | 사용자 친화적인 | convenient | 편리한 |

M: Hey, Sylvia. I saw your new movie a few days ago. You **played the character beautifully.**

W: Thanks, Jack. I had so much fun **acting** in that **movie.**
　　　　　　　　　　　　　　　　비법 2) 관계파악(여:배우)

M: I'm sure you did. Sylvia, **I'm going to be directing a new movie. You'd be perfect for the lead role.** 비법 2) 관계파악(남:감독)
　비법 2) 상황파악(주인공 제안)

W: Oh, really? What's the movie about?

M: It's a comedy about a dreamer who just moved to a new town.

W: **That sounds interesting**, and I'd like to be in your movie. **But I'm**
　　비법 2) 상황파악(제안에 관심)
　not sure I'm the right person for the role.
　비법 2) 상황파악(거절을 한 것은 아님-오답주의)

M: Why do you say that?

W: Well, I haven't acted in a comedy before.

M: **Don't worry**. You're a natural actor.

W: That's kind of you. **Can I read the script and then decide?**
　　　　　　　　　　　비법 2) 상황파악(제안수락 결정 보류)

M: Sure. I'll send you a copy of the script. **I'll be waiting to hear from you.**
　　　　　　　　　　　비법 3) 남자의 마지막 말 집중(답을 기다림)

W: _____

해석

남: 이봐요 Sylvia. 며칠 전에 당신의 새 영화를 봤어요 등장인물을 멋지게 연기했더군요.

여: 고마워요 그 영화에서 연기하면서 아주 재미있었어요 , Jack.

남: 분명히 그랬다고 확신해요. Sylvia, 제가 새 영화를 감독할 거예요. 당신이라면 주인공 역으로 완벽할 거예요.

여: 오, 정말요? 무엇에 관한 영화죠?

남: 막 새로운 마을로 이주한 몽상가에 관한 코미디 영화예요.

여: 흥미롭게 들리고 당신 영화에 참여하고 싶어요. 하지만 제가 그 역에 적절한 사람이라는 확신이 들지 않네요.

남: 왜 그렇게 말하세요?

여: 음 전에 코미디 영화에서 연기해본 적이 없어요.

남: 걱정하지 말아요. 당신은 타고난 배우니까요.

여: 친절하시네요. 대본을 읽고 난 다음 결정해도 되죠 . ?

남 물론이죠 대본 한 부를 보내드릴게요 당신의 연락을 기다리고 있겠어요.

여: 네 곧 제 결정을 알려 드릴게요.

:::: **핵심 표현 학습** ::::

1. I am not sure : 나는 확신하지 못한다

ⓔⓧ A: **I'm not sure** whether I am the right person for that position.
　　저는 제가 그 자리에 적절한 사람인지 확신하지 못하겠어요.

　B : No, way. I think you will do a great job. 그럴리가요. 당신은 잘 해 낼거라 생각해요.

2. I'll let you know: 내가 ~을 알려줄게

ⓔⓧ **I'll let you know** where you should go. 당신이 어디로 가야 할지 내가 알려줄게요.

:::: **핵심 어휘 학습** ::::

character	등장인물	direct	감독하다
lead role	주인공 역	dreamer	몽상가
right	적합한	natural	타고난
script	대본	a copy of	~한 부

W: Jason, I heard **you're planning a sports day** for your company.
　비법 2) 상황파악(체육대회 준비중)　비법 1) 주제 관련 단어 듣기(sports day)

M: Yeah, it's next Saturday. But **the problem** is that **I haven't been able to reserve a place yet.** 비법 2) 상황파악(문제제기 – 장소미정)

W: Oh, really? Have you looked into Portman Sports Center?

M: I have. **Unfortunately**, they're remodeling now.
　　비법 2) 상황파악(문제해결안됨)

W: That's too bad. It's perfect for sports events.

M: I know. Well, I've been looking everywhere, but every place I've called is booked.

W: Oh, no. **Can you postpone** the event until they finish remodeling?
　　비법 2) 상황파악(연기제안)

M: **No**, we can't. The company has a busy schedule after that day.
　　비법 2) 상황파악(문제해결안됨)

W: Hmm... **How about Whelford High School?** They have great
　　　비법 2) 상황파악(다른장소제안)
sports facilities. 비법 1) 주제 관련 단어 듣기(sports facilities)

M: **Really?** Are they **open to the public?**
　　비법 2) 상황파악(장소제안 재확인)

W: **Sure**, they are. **We rented** them for a company event **last month**.

M: **Sounds like a good place to reserve.**
　　비법 2) 상황파악(문제해결)

W: Yes, it is. But **the facilities are popular**, so you**'d better hurry up**.
　　비법 3) 남자의 마지막 말 집중(서둘러 조치를 취할 것을 당부)

M: _____

해석

여: Jason, 당신이 당신 회사를 위해 체육대회 날을 계획하고 있다는 말을 들었어요.

남: 네 다음 주 토요일이에요 하지만 문제는 제가 아직도 장소를 예약할 수 없었다는 거예요.

여: 오, 정말요? Portman Sports Center는 살펴봤나요?

남: 그랬죠 유감스럽게도 지금 개조 공사 중이에요.

여: 그거 참 아쉽네요. 체육 행사를 위해서 완벽한 곳인데요.

남: 알고 있어요. 흠.. 도처를 살펴보고 있지만 전화한 곳은 모두 예약이 되어 있더군요.

여: 오, 저런. 개조 공사가 끝날 때까지 그 행사를 연기할 수 있나요?

남: 아니요 그럴 수 없어요 그날 이후에는 회사 일정이 바빠요.

여: 흠.. Whelford 고등학교요? 훌륭한 체육 시설이 있는 곳이죠.

남: 정말요? 일반인에게 개방을 하나요?

여: 물론이죠, 개방합니다. 저희는 지난달에 회사 행사를 위해 그것을 빌렸죠.

남: 예약하기에 좋은 장소 같군요.

여: 네, 맞아요. 하지만 시설이 인기가 있어서 서두르는 것이 좋겠어요.

남: 고마워요. 그날 사용할 수 있는지 알아보기 위해 지금 전화할게요.

::::: **핵심 표현 학습** :::::

1. That's too bad. : 그거 참 안됐군요(아쉽네요)

ex A : Unfortunately, I failed this entrance exam. 불행하게도, 나는 이번 입사시험에 실패했어.

B : **That's too bad.** 그거 참 안됐군요.

2. You'd better 동사원형 : 당신은 ~하는 편이 낫다

ex **You'd better** not say such a thing again. 당신은 다시는 그런 말을 하지 않는 편이 나아요.

::::: **핵심 어휘 학습** :::::

look into	살펴보다	remodel	개조 공사하다
postpone	연기하다	facilities	시설
the public	일반인	rent	빌리다

M: **Honey,** I've just left work. I'll be home in half an hour.
　　비법 2) 관계파악(부부)

W: Good. **Is it possible** for you to **stop by** the dry cleaner's shop
　　and **pick up my dress?**　비법 2) 상황파악(세탁물 수거부탁)

M: Sure. **Can you tell me where the shop is located**?
　　비법 3) 남자의 마지막 말 집중(세탁소 위치 알려 달라함)

W: _____

해석

[휴대 전화가 울린다.]
남: 여보, 저 방금 퇴근했어요. 30분 후에 집에 도착할 거예요.
여: 잘됐네요. 세탁소에 들러서 제 옷을 찾아올 수 있어요?
남: 그럼요. 세탁소 위치가 어디인지 알려줄 수 있어요?
여: 알겠어요. 당신 휴대 전화로 주소를 보낼게요.

:::: **핵심 표현 학습** ::::

1. Is it possible for 사람 to 동사원형 : ~가 .. 하는 것이 가능할까요?

ex **Is it possible for him to get** on time in class tomorrow? 그가 수업시간에 제 시간에 오는 것이 가능할까요?

2. stop by : 들르다

ex Could you **stop by** the convenience store on your way home and get me some milk?
집에 오는 길에 편의점에 들러 우유 좀 사다주시겠어요?

3. pick up : ~을 찾아오다

ex Can you **pick up** my suit in the tailor shop? 내 정장을 양복점에서 찾아와 줄 수 있겠어요?

4. Can you tell me where 주어+동사 : [주어]가 어디에서 [동사]하는지 말해줄 수 있겠니?

ex **Can you tell me where** you take these great pictures? 당신은 어디에서 그런 멋진 사진들을 찍는지 말해줄 수 있나요?

:::: **핵심 어휘 학습** ::::

leave work	퇴근하다	stop by	들르다
dry cleaner's shop	세탁소 (laundry)	locate	위치하다

[Cell phone rings.]
M: Hello, Chloe. **How's your leg?**
W: Hey, Sean. It **still hurts**, but the doctor said I'll be **fully recovered in a few days.** 비법 2) 상황파악(다리부상 – 며칠내 회복가능)
M: I'm glad to hear that. Then, **will you be able to play** in the **tennis match next weekend** as scheduled?
비법 3) 남자의 마지막 말 집중(다음주 경기할 수 있나?)
W: _____

해석
[휴대 전화가 울린다.]
남: 안녕, Chloe. 다리는 어때?
여: 안녕, Sean. 아직 아프지만, 의사가 며칠 지나면 완쾌될 거라고 말했어.
남: 그 말을 들으니 기쁘네. 그럼, 다음 주말에 예정대로 테니스 시합에 뛸 수 있을까?
여: 그렇게 생각해. 그때쯤이면 괜찮을 거야.

:::: **핵심 표현 학습** ::::

1. be fully recovered : 완쾌되다

ex Her farher **was fully recovered** from his injuries. 그녀의 아버지는 부상에서 완쾌되었다.

2. I am glad to hear that. : 그 소리를 들으니 반갑구나

ex A : I heard that Tom and Amy made up yesterday. 어제 Tom과 Amy가 화해했다고 들었어요.
　B : **I am glad to hear that.** 그 소리를 들으니 반갑구나.

3. as scheduled : 예정대로

ex Please confirm that we are studying English **as scheduled** in our classroom.
예정대로 교실에서 영어를 공부하는 것인지 확인해 주세요.

:::: **핵심 어휘 학습** ::::

still　　아직도, 여전히　　　　hurt　　　아프다, 아프게 하다

W: Mr. Brown, **I brought this P.E. uniform** that somebody **left in the cafeteria.** 비법 2) 상황파악(체육복 습득)

M: **That's very considerate of you.** Is the **student's name** on the uniform? 비법 2) 관계파악(선생님)

W: Yes, but **the student is not from our homeroom class.** The uniform must belong to a student in another class.
비법 3) 여자의 마지막 말 집중(체육복 처리에 관한 해결책 문의)

M: _____

해석

[여: Brown 선생님, 누가 구내식당에 두고 간 체육복을 가져왔는데요.

남: 너는 참 배려심이 깊구나. 체육복에 그 학생의 이름이 있니?

여: 네, 하지만 그 학생은 저희 반이 아니에요. 그 체육복은 틀림없이 다른 반 학생 거예요.

남: 나에게 그것을 맡기면 내가 주인을 찾아볼게.

:::: 핵심 표현 학습 ::::

1. That's very considerate of you. : 당신은 참으로 배려심이 깊군요

ex A : I'll give you a ride to school. 제가 학교까지 태워 드리죠.
   B : **That's very considerate of you.** 당신은 참으로 배려심이 깊군요.

2. leave A with B : A를 B에게 맡기다

ex Okay, you can **leave it with me.** I'll give it to her. 좋아요, 제게 그것을 맡겨 주세요. 제가 그녀에게 줄게요.

3. belong to : ~의 것이다

ex The copyright of the music I made **belongs to** me. 내가 만든 그 음악의 저작권은 나에게 있다.

:::: 핵심 어휘 학습 ::::

P.E. uniform   체육복

M: **Honey**, I'm going to the gym now.
　비법 2) 관계파악(부부)

W: **Don't forget our neighbors are coming to have dinner with us.**
　Make sure to be back before then.
　비법 2) 상황파악(이웃과의 저녁약속, 늦지않게 와라)

M: I know. **What time do you want me back home?**
　비법 3) 남자의 마지막 말 집중(몇시에 오면 되나?)

W: _____

해석

남: 여보, 나는 지금 체육관에 갈 거예요.
여: 우리 이웃들이 우리와 저녁을 먹으러 올 거라는 것을 잊지 말아요.
그전에 꼭 돌아와요.
남: 알아요. 내가 몇 시에 집에 다시 돌아오면 좋겠어요?
여: 여섯 시까지 집에 와야 해요.

:::: **핵심 표현 학습** ::::

1. Make sure 주어+동사 : 반드시 [주어+동사]해라
ⓔⓧ **Make sure** the seat belt should be fastened. 반드시 안전밸트를 단단히 채워라.

2. had better 동사원형 : ~하는 편이 낫다
ⓔⓧ You'**d better** listen carefully to his advice. 당신은 그의 충고를 귀담아 듣는 편이 낫겠어요.

:::: **핵심 어휘 학습** ::::

gym　　　체육관　　　　　　neighbor　　　　　　이웃

W: Michael, you're going to **take the school bus** today, right?

M: If it's warmer than yesterday, **I'm going to take my bicycle, Mom.**
　비법 2) 관계파악(엄마와 아들)　　비법 2) 상황파악(아이가 자전거 탈거라고 말함)
　Why?

W: It's much colder and windier today. **You'd better not ride your**
　bicycle.　비법 3) 여자의 마지막 말 집중(엄마의 당부 – 자전거 타지마라)

M: _____

해석

여: Michael, 오늘 학교 버스를 탈 거지 맞지?
남: 날씨가 어제보다 더 따뜻하면 제 자전거를 탈 거예요, 엄마. 왜요?
여: 오늘이 어제보다 훨씬 더 춥고 바람도 더 많이 불어 자전거를 타지 않는 게 좋겠다.
남: 좋아요 그럼 버스를 탈게요.

:::: **핵심 표현 학습** ::::

1. I'm going to 동사원형 : 나는 ~할 것이다
ⓔⓧ **I'm going to** take an umbrella with me this afternoon. 나는 오늘 오후에 우산을 가져 갈 것이다.

:::: **핵심 어휘 학습** ::::

ride　　타다

M: Sally, what are you doing this afternoon?

W: **I'm thinking of going to Kingsfield Shopping Mall.**
비법 2) 상황파악(쇼핑몰 갈 것이다)

M: Oh, you mean the new shopping mall on Pine Street. **But it's closed today.** 비법 3) 남자의 마지막 말 집중(문닫았다-쇼핑불가)

W: _____

해석

남: Sally, 오늘 오후에 뭐 하니?

여: Kingsfield 쇼핑몰에 갈 생각이야.

남: 아, Pine 가에 있는 새 쇼핑몰 말하는 거구나. 그런데 거기가 오늘은 문을 닫았어.

여: 정말? 그럼 내일 가야겠다.

:::: **핵심 표현 학습** ::::

1. be thinking of (동)명사: ~하려고 생각중이다

ex I <u>am thinking of</u> going to America this summer. 나는 이번 여름에 미국을 갈까 생각중이에요.

2. You mean ~ ? : 당신은 ~을 의미하는 거예요?

ex <u>You mean</u> you've lost it? 당신은 그것을 잃어버렸다는 의미예요?

1 »»» going to | introductions | do a great job | I'd be happy to

2 »»» philosophy | why don't you | That sounds interesting | critical

3 »»» stressed out | I can see that | That does sound appealing | definitely

4 »»» reserve | That's cool | user-friendly | It sounds handy

5 »»» lead role | dreamer | I'm not sure | a copy of

6 »»» looked into | That's too bad | the public | you'd better

7 »»» left work | Is it possible for | pick up | Can you tell me where

8 »»» fully recovered | I'm glad to hear that | as scheduled

9 »»» P.E. uniform | That's very considerate of you | belong to

10 »»» gym | neighbors | Make sure

11 »»» going to | You'd better | ride

12 »»» thinking of | you mean

(3) 실전 연습 문제

1 답 : ⑤ (2018년 9월 평가원)   본문 p84

M: **Ms. Clark** started **coaching the school cheerleading team** last semester.비법 1) 등장인물 파악

She's very **dedicated to helping students,** so she even worked on weekends. When the team entered the regional cheerleading competition, **Ms. Clark taught them several advanced techniques** to impress the judges. However, **some members made mistakes** while performing these difficult techniques. And they **lost the competition.**

Ms. Clark-교내 응원 팀을 지도하기(coaching the school cheerleading team)
– 학생돕기에 헌신적(dedicated to helping students)
– 몇 가지 고급 기술을 가르침 (taught them several advanced techniques) some members(students)
– 수행하던 중에 실수를 저지름(made mistakes)
– 시합에서 짐(lost the competition)

Now, **Ms. Clark** feels down because she **blames herself** for teaching techniques that were too difficult for the students. But **the team members** think they've **improved a lot thanks to her coaching.**

비법 1) 인물의 행동 파악
Ms. Clark - 자신을 책망함(blames herself)
the team members(students) – 그녀의 지도로 향상되었다고 생각함.
(improved a lot thanks to her coaching.)

So, **Brian, the team leader,** wants to **tell Ms. Clark that the team members appreciate the time and effort** she's given them.

비법 3) 담화 끝부분 주의
Brian – 팀장(the team leader)
  – 팀원들이 Ms.Clark에게 헌신한 시간과 노력에 대해 감사하고 있다고 말하고 싶어함(tell Ms. Clark that the team members appreciate the time and effort)

In this situation, what would Brian most likely say to Ms. Clark?

해석
남: Clark 선생님은 지난 학기에 교내 응원 팀을 지도하기 시작했다. 그녀는 학생들을 돕는 데 매우 헌신적이어서, 심지어 주말에도 일했다. 그 팀이 지역 응원 대회에 참가했을 때, Clark 선생님은 심사위원들에게 강한 인상을 주려고 그들에게 몇 가지 고급 기술을 가르쳤다. 그러나 팀원 몇 명이 이 어려운 기술을 수행하던 중에 실수를 저질렀다. 그래서 그들은 시합에서 졌다. 이제 Clark 선생님은 학생들에게 너무 어려운 기술을 가르친 것에 대해 자신을 책망하고 있기 때문에 마음이 울적하다. 그러나 팀원들은 그녀의 지도 덕분에 자신들이 많이 향상되었다고 생각한다. 그래서 팀장인 Brian은 Clark 선생님에게 팀원들이 그녀가 자신들에게 들인 시간과 노력에 대해 감사하고 있다고 말하고 싶어 한다. 이런 상황에서 Brian은 Clark 선생님에게 뭐라고 말을 하겠는가?

① 선생님은 학생들을 그들의 수행에 의해 판단하셔야 합니다.
② 응원팀에 함께하지 못하게 된 것을 죄송하게 생각합니다.
③ 우리는 대회에 참가하는 것이 허용되지 않습니다.
④ 지난 학기에 당신을 지도한 것은 멋진 경험이었습니다.
⑤ **저희는 선생님께서 저희에게 하신 모든 수고에 감사하고 있습니다.**

1. dedicate to (동)명사 : ~에 전념하다, 바치다

ex These five novels gained huge popularity, and he decided to **dedicate** himself fully **to** writing novels.

이 다섯 개의 소설은 큰 인기를 얻었고, 그는 소설을 쓰는데 그 자신을 완전히 바치기로 했습니다.

2. a lot (of) : 많이

ex There are still **a lot** more places to explore in space.

우주에는 아직 탐사할 곳이 훨씬 더 많습니다.

:::: 핵심 어휘 학습 ::::

semester	학기	regional	지역의
competition	대회	advanced	고급의
judge	심사위원	blame	책망하다, 비난하다

W: **Marcus** and **Judy** are **friends who are both interested in cooking.**
비법 1) 등장인물 파악
Marcus, Judy – 요리에 관심을 갖고 있는 친구

One day, Marcus finds a notice about **a cooking competition** for high 비법 2) 핵심어 파악
school students. He asks Judy to join him as a team and Judy agrees. They begin practicing and focus on developing a new recipe for **the competition.**
비법 2) 핵심어 파악
Marcus – 요리대회 안내문을 발견 – Judy에게 팀을 구성하자고 요청
Marcus, Judy – 연습을 시작하여 대회를 위한 새로운 요리법을 개발하는 데 집중 (begin practicing and focus on developing a new recipe for the competition)

Just a week before the competition, **Marcus** is **concerned that they're too slow when they cook**. No matter how good their recipe is, they'll lose if they can't finish on time.
비법 1) 인물의 행동 파악
Marcus – 그들이 요리를 할 때 너무 느리다는 것에 대해 걱정 (concerned that they're too slow when they cook.)

So Marcus **wants to tell Judy that they should put more effort into training themselves to cook faster**. In this situation, what would Marcus most likely say to Judy?
비법 3) 담화 끝부분 주의
Marcus – 더 빠르게 요리를 할 수 있도록 훈련하는 데에 더 많은 노력을 기울여야 한다고 Judy에게 말해주고 싶어함. (wants to tell Judy that they should put more effort into training themselves to cook faster)

해석
여: Marcus와 Judy는 둘 다 요리에 관심을 갖고 있는 친구이다. 어느 날 Marcus가 고등학교 학생들을 대상으로 하는 요리 대회에 관한 안내문을 발견한다. 그는 Judy에게 자기와 함께 팀을 구성하자고 요청하고 Judy는 동의한다. 그들은 연습을 시작하여 대회를 위한 새로운 요리법을 개발하는 데 집중한다. 대회 딱 1주일 전에, Marcus는 그들이 요리를 할 때 너무 느리다는 것에 대해 걱정한다. 자신들의 요리법이 아무리 좋다고 해도, 제 시간에 끝내지 못하면 그들은 질 것이다. 그래서 Marcus는 그들이 더 빠르게 요리를 할 수 있도록 훈련하는 데에 더 많은 노력을 기울여야 한다고 Judy에게 말해주고 싶어 한다. 이런 상황에서 Marcus는 Judy에게 뭐라고 하겠는가?

① 괜찮다면 너의 요리법을 공유할 수 있겠니?
② 우리는 연습을 많이 했으므로 이길 수 있을 거야.
③ 우리는 우리의 경쟁자가 누가 될지 알아내야 해.
④ **우리는 요리 속도를 높이기 위해 더 열심히 연습해야 해.**
⑤ 나와 함께 요리 대회에 등록하는 게 어떻겠니?

1. be interested in (동)명사 : ~ 에 관심을 갖다

ⓔⓧ They have been approached by a number of companies that **are interested in** their product.
그들의 제품에 관심이 있는 많은 회사들이 그들에게 접근을 해 왔습니다.

2. focus on (동)명사 : ~에 집중하다

ⓔⓧ She learned to **focus on** the important facts and filter out all the uncertain information.
그녀는 중요한 사실에 집중하고 불확실한 정보는 걸러내는 것을 배웠습니다.

3. put an effort into (동)명사 : ~에 노력하다, ~에 노력을 기울이다

ⓔⓧ She doesn't **put any effort into** our relationship.
그녀는 우리의 관계에 있어서 어떤 노력도 하지 않는다.

:::: 핵심 어휘 학습 ::::

competition	대회	recipe	요리법

M: **Steven** is **a newcomer on Ms. Green's marketing team. Ms. Green, as the leader, asked him to prepare for a presentation** about consumer behavior.

비법 1) 등장인물 파악
Steven - Green 씨의 마케팅팀에 새로 온 직원(a newcomer on Ms. Green's marketing team)
Ms. Green - 팀장으로서 발표준비 요청 (as the leader, asked him to prepare for a presentation)

When reviewing his first draft of the presentation, she **realized that Steven included incorrect data from the Internet.** When she asked about it, Steven **said that he uses only Internet sources.** The problem is he doesn't check if that information is reliable.

비법 1) 인물의 행동 파악
Steven - 자신은 인터넷 자료만 사용한다고 말함 (said that he uses only Internet sources)
Ms. Green - Steven이 인터넷에서 얻은 부정확한 자료를 포함했다는 것을 알아차림(realized that Steven included incorrect data from the Internet)

But **Ms. Green** is **aware that information on the Internet is not always accurate.** So, Ms. Green **wants to tell Steven to check whether the information he finds on the Internet is correct.** In this situation, what would Ms. Green most likely say to Steven?

비법 3) 담화 끝부분 주의
Ms. Green - 인터넷상의 정보가 항상 정확한 것이 아니라는 것을 알고 있음 (aware that information on the Internet is not always accurate) - 인터넷상에서 찾은 정보가 정확한 것인지를 확인해달라고 말하고 싶어함 (wants to tell Steven to check whether the information he finds on the Internet is correct)

해석
남: Steven은 Green 씨의 마케팅팀에 새로 온 직원입니다. 팀장으로서 Green 씨는 그에게 소비자 행동에 관한 발표를 준비해달라고 요청했습니다. 그의 발표문 초고를 검토했을 때, 그녀는 Steven이 인터넷에서 얻은 부정확한 자료를 포함했다는 것을 알아차렸습니다. 그녀가 그것에 관해 질문했을 때, Steven은 자신은 인터넷 자료만 사용한다고 말했습니다. 문제는 그가 그 정보가 믿을만한 지를 확인하지 않는다는 것입니다. 하지만 Green 씨는 인터넷상의 정보가 항상 정확한 것은 아니라는 것을 알고 있습니다. 그래서 Green 씨는 Steven에게 그가 인터넷상에서 찾은 정보가 정확한 것인지를 확인해달라고 말하고 싶습니다. 이런 상황에서, Green 씨는 Steven에게 뭐라고 말하겠습니까?

① 당신은 그 웹사이트에서 당신의 개인 정보를 삭제하는 것이 좋겠어요.
② **당신은 당신이 온라인에서 찾은 정보가 정확한지를 확인해야 해요.**
③ 저는 발표를 위한 마감 시한을 맞추는 것이 중요하다고 생각해요.
④ 우리의 발표 주제가 부적절할까 봐 걱정이에요.
⑤ 제가 사무실에서 인터넷에 접속하는 방법을 설명해 드릴게요.

:::: **핵심 표현 학습** ::::

1. be aware that 주어+동사 : [주어+동사]를 인식하다

ex Officials should **be aware that** construction will be ongoing for about 10 months.
공무원들은 공사 작업이 10개월 가량 걸린다는 점을 감안해야 합니다.

2. whether (동)명사/ 주어+동사 (or not) : ~인지 아닌지를

ex How do you know **whether** these students understand the question **or not**?
당신은 이 학생들이 그 질문을 이해하는지 아닌지를 어떻게 아나요?

:::: **핵심 어휘 학습** ::::

consumer	소비자	review	검토하다
first draft	초고	incorrect	부정확한
reliable	믿을만한	accurate	정확한

4 답 : ④ (2019년 6월 평가원) 본문 p85

M: **Peter** recently **gave his grandmother a smartphone** for her birthday. 비법 2) 핵심어 파악(smartphone)

She uses it frequently and often **asks Peter to help her do things** such as sharing photos or downloading apps. Peter **is happy to help her,** but he has to **go abroad** for a long business trip **next week.**

비법 1) 등장인물 파악

Peter – 할머니께 스마트 폰을 드림 (gave his grandmother a smartphone)
        – 할머니를 돕는 게 행복하지만 (is happy to help her, but)
        – 다음 주에 해외에 가야함 (go abroad, next week)
his grandmother – 그것(스마트폰)을 자주 사용하심 (uses it frequently)
– 폰 사용하도록 도와달라고 Peter에게 부탁함 (asks Peter to help her do things)

He's worried that she'll have no one to help her with her **smartphone**.

So he **searches for a way to help her** and **finds that the local senior center offers a class which teaches seniors how to use smartphones**.

He thinks the class can help her use **the smartphone** by herself.

비법 1) 인물의 행동 파악

Peter – 도와드릴 방법을 찾음 (searches for a way to help her)– 지역 노인 센터에서 노인들에게 스마트폰 사용법을 가르쳐주는 강좌를 제공한다는 것을 알게 됨 (finds that the local senior center offers a class which teaches seniors how to use smartphones)

So, Peter **wants to tell his grandmother to learn smartphone skills from the senior center**. In this situation, what would Peter most likely say to his grandmother? 비법 3) 담화 끝부분 주의

Peter – 할머니에게 노인 센터에서 스마트폰 사용 기술을 배워 보시라고 말씀드리고 싶어함. (wants to tell his grandmother to learn smartphone skills from the senior center)

해석

남: Peter는 최근에 자기 할머니 생신 선물로 스마트폰을 드렸습니다. 할머니는 그것을 자주 사용하시고 사진을 공유하거나 앱을 다운로드하는 것과 같은 것을 하도록 도와달라고 자주 Peter에게 부탁합니다. Peter는 할머니를 도와드릴 수 있어서 행복하지만 다음 주에 장기 출장으로 해외에 가야 합니다. 그는 스마트폰에 대해 할머니를 도와드릴 사람이 아무도 없어서 걱정합니다. 그래서 그는 할머니를 도와드릴 방법을 찾다가 지역 노인 센터에서 노인들에게 스마트폰 사용법을 가르쳐주는 강좌를 제공한다는 것을 알게 됩니다. 그는 할머니가 혼자서 스마트폰을 사용하도록 그 강좌가 도와줄 수 있다고 생각합니다. 그래서 Peter는 할머니에게 노인 센터에서 스마트폰 사용 기술을 배워 보시라고 말씀드리고 싶습니다. 이런 상황에서 Peter는 할머니에게 뭐라고 말하겠습니까?

① 할머니께서 스마트폰을 너무 많이 사용하셔서 걱정이 됩니다.
② 전화기로 앱을 다운로드하는 방법을 설명해 드릴게요.
③ 급우들과 사진을 공유하는 것은 어떠세요?
④ **노인 센터에서 스마트폰 강좌를 들어보시는 게 어떠세요?**
⑤ 더 큰 화면을 가진 새 스마트폰을 사드리는 게 더 낫겠어요.

1. ask 목적어 to 동사원형 : [목적어]가 [동사원형] 하도록 요청하다

ex He was so busy for preparing the presentation, so he **asked** his friend **to collect** information related to his presentation.

그는 프리젠테이션 발표 준비로 너무 바빠서 그의 친구에게 프리젠테이션과 관련된 정보를 모아달라고 부탁했습니다.

2. be worried that 주어+동사 : ~을 걱정하다

ex She **is worried that** the system is so complex that many students will not understand it.

그녀는 그 시스템이 너무 복잡해서 많은 학생들이 그것을 이해하지 못할 것을 우려하고 있습니다.

3. search for 명사 : ~을 찾다

ex I'll **search for** the solution on the Internet.

내가 그 해결책을 인터넷에서 찾아볼게요.

:::: **핵심 어휘 학습** ::::

business trip   출장   senior center   노인센터

W: **Andrew** is **preparing to sell his used things at his school festival** next   비법 2) 핵심어 파악(sell his used things)
week. Andrew gathers **all the stuff that he wants to sell and asks his**
                    비법 2) 핵심어 파악(all the stuff that he wants to sell)
mother, Jane, **what she thinks of his selections.** Jane **looks through the items and notices that some of them are old and in poor condition.**

비법 1) 등장인물 파악
Andrew – 학교 축제에서 자신의 중고 물품을 팔 준비 (preparing to sell his used things at his school festival) – 자신이 선정한 물품들에 대해 그녀가 어떻게 생각하는지를 묻고 싶어함(wants to sell and asks his mother ~ what she thinks of his selections)
his mother, Jane – 물품들을 훑어보고 그 중 일부는 낡고 상태가 좋지 않다는 것을 알아차림. (looks through the items and notices that some of them are old and in poor condition)

She **thinks that Andrew shouldn't take such worn-out things** to the festival because people won't be interested in buying them.

비법 1) 인물의 행동 파악
his mother, Jane – Andrew가 축제에 그러한 낡은 물품들을 가져가지 말아야 한다고 생각함(thinks that Andrew shouldn't take such worn-out things)

So, Jane wants to **suggest that Andrew should only pick out the ones that are in fine condition.** In this situation, what would Jane most likely say to Andrew?

비법 3) 담화 끝부분 주의
his mother, Jane – Andrew가 상태가 좋은 물품만 가려내야 한다고 제안하고 싶어함(suggest that Andrew should only pick out the ones that are in fine condition)

해석
여: Andrew는 다음 주 학교 축제에서 자신의 중고 물품을 팔 준비를 하고 있습니다. Andrew는 자신이 팔고 싶은 물품들을 모두 모아 어머니인 Jane에게 자신이 선정한 물품들에 대해 그녀가 어떻게 생각하는지를 묻습니다. Jane은 물품들을 훑어보고 그중 일부는 낡고 상태가 좋지 않다는 것을 알아차립니다. 그녀는 사람들이 그런 낡아빠진 물품들을 사는 데 관심이 없을 것이므로 Andrew가 축제에 그 물품들을 가져가지 말아야 한다고 생각합니다. 그래서 Jane은 Andrew가 상태가 좋은 물품만 가려내야 한다고 제안하고 싶습니다. 이런 상황에서, Jane은 Andrew에게 뭐라고 말하겠습니까?

① 모든 사람이 다음 주를 위해 확실히 준비되어 있게 하렴.
② 너는 축제를 위해 이 재킷을 입어야 할 것 같아.
③ 네 물건 전부를 말짱한 상태로 유지한 것에 고마워.
④ **좋은 상태의 물품만 선정하는 것이 어떠니?**
⑤ 새것 대신에 중고 물품을 사지 그러니?

:::: **핵심 표현 학습** ::::

1. look through 명사 : ~을 검토하다, 살펴보다

ⓔ You had a chance to start to **look through** the pictures immediately.
당신은 즉시 그림들을 살펴보기 시작할 기회가 있었습니다.

2. suggest that 주어 + should 동사원형 : [주어]가 [동사원형]을 해야 한다고 제안하다

ⓔ Experts of bank **suggest that** students **should be** given debit cards rather than being given credit cards.
은행 전문가들은 학생들에게 신용카드 대신에 직불카드를 주어야 한다고 제안한다.

3. pick out : 가려내다, 선택하다

ⓔ Read the article and **pick out** the main idea.
그 기사를 읽고 중심생각을 가려내세요.

:::: **핵심 어휘 학습** ::::

prepare	준비하다	used	중고의
stuff	물품	notice	알아차리다
worn-out	낡아빠진, 닳아 해진		

M: **Mary** is **leading a sales team** at her company. Her team is **working** 비법 1) 등장인물 파악 **hard on a proposal for a very important contract.** In the morning, Mary notices that Steve, one of her team members, is **frequently massaging his shoulders** while **frowning.** Mary **asks Steve if he is feeling okay.** 비법 2) 핵심어 파악(massaging, frowning)

Mary – 영업팀을 이끌고 있음. (leading a sales team)– 팀이 매우 중요한 계약의 기획 작업을 열심히 하고 있음 (working hard on a proposal for a very important contract) – Steve에게 괜찮으냐고 물음 (asks Steve if he is feeling okay)

Steve – 얼굴을 찡그리며 수시로 어깨를 마사지하고 있음 (Steve, massaging his shoulders while frowning)

Steve says that he has been **feeling pain in his shoulder** for the last few days, but he also **says that he is okay to continue working.** Mary is **concerned that if Steve continues to work despite his pain, his health could become worse.** She believes that his health should be the first priority.

비법 1) 인물의 행동 파악

Steve – 어깨에 통증이 느껴짐 (feeling pain in his shoulder) – 계속 일을 해도 괜찮다고 함 (says that he is okay to continue working)

Mary – Steve가 아픈데도 계속 일하면 건강이 악화될까봐 걱정이 됨 (concerned that if Steve continues to work despite his pain, his health could become worse)

So, she wants to **suggest to Steve that he take the day off and take care of himself.** In this situation, what would Mary most likely say to Steve?

비법 3) 담화 끝부분 주의

Mary – Steve에게 하루 휴가를 내고 자신을 돌볼 것을 제안하고 싶어함 (suggest to Steve that he take the day off and take care of himself)

해석

남: Mary는 한 회사에서 영업팀을 이끌고 있습니다. 그녀의 팀은 매우 중요한 계약의 기획 작업을 열심히 하고 있습니다. 오전에 Mary는 팀원 중 한 명인 Steve가 얼굴을 찡그리며 수시로 어깨를 마사지하고 있는 것을 알게 됩니다. Mary는 Steve에게 괜찮으냐고 묻습니다. Steve는 지난 며칠 동안 어깨에 통증이 느껴진다고 말하지만, 계속 일을 해도 괜찮다고도 말합니다. Mary는 Steve가 아픈데도 계속 일하면 건강이 악화될까봐 걱정이 됩니다. 그녀는 그의 건강이 최우선 사항이 되어야 한다고 믿습니다. 그래서 그녀는 Steve에게 하루 휴가를 내고 자신을 돌볼 것을 제안하고 싶습니다. 이런 상황에서, Mary는 Steve에게 뭐라고 말하겠습니까?

① 오늘 휴가를 내고 자신을 돌보는 게 어떻겠어요?
② 당신의 관심사가 구직에서 우선 사항이 되어야 해요.
③ 팀원의 생각을 적극적으로 지지하는 게 좋겠어요.
④ 건강 제품 판매를 늘릴 방법을 찾아봅시다.
⑤ 그 계약의 세부사항을 바꾸는 게 어떻겠어요?

:::: **핵심 표현 학습** ::::

1. take the day off 하루 휴가를 내다

ex She has a cold, so she would like to **take the day off**. 그녀는 감기에 걸려서 하루 휴가를 내고 싶어합니다.

:::: **핵심 어휘 학습** ::::

contract	계약(서)	frown	얼굴을 찡그리다
first priority	최우선 사항		

1 >>>> semester | dedicated to | competition | a lot

2 >>>> interested in | focus on | recipe | put more effort into

3 >>>> first draft | is aware that | accurate | whether

4 >>>> asks Peter to | business trip | worried that | searches for

5 >>>> preparing | stuff | looks through | suggest that

6 >>>> contract | frowning | first priority | take the day off

1 1-1. 답 : ①, 1-2. 답 : ③ (2018년 9월 평가원)　　　　　　　本文 p91

① effects of **food** on sleep
② causes of **eating** disorders
③ ways to improve digestion
④ what **not to eat** to lose weight
⑤ importance of a balanced **diet** for health.

▶ 비법 1) 선택지-핵심어 파악(먹는것과 관련)-food, eating, to eat

W: Welcome to the Farrington Wellness Center. I'm Dr. Hannah Dawson. As you know, **sleep is affected by many factors.** According to research, **one such factor is food.**
비법 2) 소재 및 주제 파악(수면에 영향주는 요인-음식)
Some foods are good for sleep.
비법 2) 소재 및 주제 파악(수면에 좋은 영향을 주는 음식)
For example, **bananas** are loaded with magnesium, a mineral
　　　　　비법 3) 예시(바나나 소거)
that promotes sleep by helping relax your muscles. Another good food is **milk**. Dairy products help the body make a
비법 3) 예시(우유 소거)
hormone that helps regulate sleep. **On the other hand**, there are **many foods to avoid**, especially before bed.
비법 2) 소재 및 주제 파악(수면에 나쁜 영향을 주는 음식)
Don't order **French fries** late at night because fatty foods
　　　　비법 3) 예시(감자튀김 소거)
take long to digest, which harms the quality of your sleep.
Also, put away **candies** before bed. Sugary foods can keep you
　　　　비법 3) 예시(사탕 소거)
awake because they increase your blood sugar.
So if you're having problems sleeping, take a look at your diet because **good sleep depends on what you eat**. Now, I'll
비법 2) 상황 및 소재파악(일관성유지)
present some information from studies I've conducted on this topic

해석
여: Farrington Wellness Center에 오신 것을 환영합니다. 저는 Hannah Dawson 박사입니다. 아시다시피 잠은 많은 요인에 의해 영향을 받습니다. 연구에 의하면, 그러한 요인 중 하나가 음식입니다. 어떤 음식은 수면에 좋습니다. 예를 들어 바나나에는 마그네슘이 많이 들어 있는데, 이것은 근육의 긴장을 완화하는 데 도움을 줌으로써 수면을 촉진하는 미네랄입니다. 또 다른 좋은 식품은 우유입니다. 유제품은 신체가 수면을 조절하는 데 도움을 주는 호르몬을 만드는 것을 도와줍니다. 반면에, 특히 잠자리에 들기 전에 피해야 할 많은 음식이 있습니다. 기름진 음식은 소화에 오랜 시간이 걸리고, 이는 수면의 질에 해를 끼치기 때문에 늦은 밤에 프렌치프라이는 주문하지 마시기 바랍니다. 또한, 잠자리에 들기 전에는 사탕도 치워 놓으시기 바랍니다. 단 음식은 혈당을 높이기 때문에 여러분이 깨어있게 할 수 있습니다. 따라서 잠자는 데 문제를 겪고 계신다면, 좋은 잠은 여러분이 무엇을 먹느냐에 달려 있으므로 여러분의 음식을 살펴보시기 바랍니다. 이제 이 주제에 관해 제가 실시한 연구에서 나온 일부 정보를 소개해드리겠습니다.

:::: **핵심 표현 학습** ::::

1. be loaded with 명사 : ~가 충분히 들어있다

ⓔⓧ A : Seafood **is loaded with** lots of mineral and vitamins. 해산물에는 미네랄과 비타민이 충분히 들어있다.

2. take 시간 to 동사원형 : ~하는데 시간이 걸리다, 시간이 필요하다

ⓔⓧ A : Most meat **takes** some more time **to chew and digest.**
　　　대부분의 육류는 씹고 소화시키는 데 약간의 더 많은 시간이 걸린다.

3. have a problem(trouble, difficulty) ~ing : ~하는 데 어려움을 겪다

ⓔⓧ A : I **had problems playing** badminton because I've had serious back pain.
　　　나는 허리 통증이 심해서 배드민턴을 하는 게 힘들었다.

:::: **핵심 어휘 학습** ::::

affect	영향을 주다	factor	요인
promote	촉진하다, 홍보하다	regulate	규제하다, 조절하다
fatty	기름진	harm	해, 해를 끼치다
present	주다, 제시하다	conduct	실행하다

:::: 비법 적용하여 정답 찾기! ::::

① unique **museums** around the world

② the history of world-class **museums**

③ cultural festivals in different countries

④ worldwide efforts to preserve heritage

⑤ international etiquette of **museums** visitors

▶ 비법 1) 선택지-핵심어 파악(박물관)-museums

W: Hello, students. Last class, we learned about the history of museums. You may think they're boring, but that's not true. Today I'll tell you about **museums in different countries that are not like any museums you've ever seen.** Each has unusual features which will surely grab your attention. 비법 2) 소재 및 주제 파악(각 나라별 다른 박물관)
First is a spy museum in **the USA**. Here you can see a
비법 3) 나열(미국의 스파이 박물관 소개)
collection of spy tools including mini cameras, fake money, and special devices from the spy movies.
Then there's an interesting toilet museum **in India**.
비법 3) 나열(인도의 화장실 박물관 소개)
The museum displays toilets and related items ranging from ancient to modern times. These have been collected from 50 countries.
Next, **Japan** has an instant ramen museum. Here you can learn
비법 3) 나열(일본의 라멘 박물관 소개)
ramen's history and make your own fresh cup of ramen.
Finally, one museum has an unusual way of enjoying the exhibits. To explore the underwater museum in **Mexico**, you have to snorkel, 비법 3) 나열(멕시코 수중 박물관 소개)
scuba dive, or ride a glass-bottom boat.
Which museum most interests you?

해석

안녕하세요, 학생 여러분. 지난 시간에 우리는 박물관의 역사에 관해 배웠습니다. 박물관은 지루하다고 생각할지도 모르지만 그건 사실이 아닙니다. 오늘 저는 여러분에게 여러분이 지금까지 본 적이 있는 어떤 박물관과도 같지 않은, 각기 다른 나라에 있는 박물관에 관해 말씀드리겠습니다. 각각은 여러분의 관심을 분명히 사로잡을 독특한 특징이 있습니다. 첫 번째는 미국에 있는 스파이 박물관입니다. 여기서는 소형 사진기, 가짜 돈, 그리고 스파이 영화에 나오는 특수 장치를 포함한 스파이 도구들의 소장품을 볼 수 있습니다. 다음으로는 인도에 흥미로운 변기 박물관이 있습니다. 그 박물관은 고대부터 현대까지 이르는 변기와 그와 관련된 물품들을 전시합니다. 이것들은 50개국에서 수집되었습니다. 다음으로 일본에는 인스턴트 라면 박물관이 있습니다. 여기서는 라면의 역사를 배울 수 있고 여러분만의 새로운 라면 한 컵을 만들 수 있습니다. 마지막으로 한 박물관에서는 전시품을 즐기는 독특한 방법이 있습니다. 멕시코에 있는 수중 박물관을 탐험하기 위해서는 스노클을 쓰고 잠수하여 헤엄치거나 스쿠버 다이빙을 하거나 바닥이 유리로 된 배를 타야 합니다. 어떤 박물관이 가장 여러분의 관심을 끕니까?

:::: 핵심 표현 학습 ::::

1. grab one's attention : 관심을 갖게 하다, 주목하게 하다

ⓔⓧ I have tons of presents that **grab your attention**. 나에게는 여러분이 관심을 가질만한 많은 선물들이 있습니다.

2. range from A to B : (범위가) A부터 B까지 이르다.

ⓔⓧ The calories of the foods you cooked **range from** 500 **to** 800 kcal.
당신이 요리한 음식들의 칼로리는 500에서 800kcal 정도입니다.

:::: 핵심 어휘 학습 ::::

feature	특징, 특색	collection	모음, 소장품
device	장치, 장비	exhibit	전시회, 전시하다

① why traditional **foods** are popular

② misconceptions about organic **foods**

③ unexpected origins of common **foods**

④ when **foods** spread across countries

⑤ importance of eating fresh **foods**

▶ 비법 1) 선택지-핵심어 파악(음식)-foods

W: Hello, students. Previously, we discussed traditional foods in different countries. Today, **I'll talk about surprising birthplaces of everyday foods.** 비법 2) 소재 및 주제 파악(일상적인 음식의 놀라운 탄생지)
First, people believe **the Caesar salad** is named after a Roman
비법 3) 나열(시저 샐러드 소거)
emperor. But a well-known story is that **the name came from a chef in Mexico**. He created it by putting together some basic
비법 2) 소재 및 주제의 일관성
ingredients when running out of food.
Second, bagels are a famous New York food. But they're likely
비법 3) 나열(베이글 소거)
from central Europe. 비법 2) 소재 및 주제의 일관성
A widely repeated story says that they were first made in Vienna to celebrate the defeat of an invading army.
Third, many people think **kiwis** are from New Zealand. It's
비법 3) 나열(키위 소거)
probably because a small flightless bird from New Zealand has the same name. In fact, the food is **from China.**
　　　　　　　　　비법 2) 소재 및 주제의 일관성
Last, if there's any country known for **potatoes,** it's Ireland.
비법 3) 나열(감자 소거)
That's because crop failures of this food caused extreme hunger in Ireland in the 19th century. However, the food is believed to come **from South America**. 비법 2) 소재 및 주제의 일관성
Now, we'll watch a short video about these foods.

해석

여: 학생 여러분, 안녕하세요. 이전에 우리는 여러 다른 나라의 전통 음식에 대해 논의했습니다. 오늘 저는 일상 음식의 놀라운 탄생지에 대해 이야기 하겠습니다. 첫째, 사람들은 시저 샐러드가 로마 황제의 이름을 딴 것이라고 믿습니다. 하지만 유명한 이야기에 따르면 그 이름은 멕시코의 한 요리사에서 유래했다고 합니다. 그는 음식이 부족할 때 몇 가지 기본적인 재료들을 모아 그것을 만들었습니다. 둘째, 베이글은 유명한 뉴욕 음식입니다. 하지만 그것은 중부 유럽에서 유래한 것 같습니다. 널리 반복되는 이야기에 의하면 그것은 처음 Vienna에서 침략군의 격퇴를 기념하기 위해 만들어졌다고 합니다. 셋째, 많은 사람들은 키위가 뉴질랜드에서 유래했다고 생각합니다. 그것은 아마도 뉴질랜드의 작은 날지 못하는 새가 똑같은 이름을 가지고 있기 때문일 겁니다. 사실, 그 음식은 중국에서 유래했습니다. 마지막으로, 감자로 알려진 나라가 있다면, 그것은 아일랜드입니다. 그것은 이 음식의 흉작이 19세기에 아일랜드에서 극심한 기아를 일으켰기 때문입니다. 하지만 그 음식은 남아메리카에서 유래한 것으로 여겨집니다. 이제 이들 음식에 대한 짧은 비디오를 보도록 하겠습니다.

:::: **핵심 표현 학습** ::::

1. be named after 명사 : ~을 따서 이름 짓다

ex His name 'Henry' <u>was named after</u> Henry Ⅲ.
그의 이름 Henry는 Henry 3세의 이름을 딴 것이다.

2. run out of 명사 : ~가 다 떨어지다, 부족하다

ex A : Could you give me more candies? 나에게 사탕을 좀 더 줄 수 있어요?
B : Sorry, we <u>ran out of</u> them. 미안해요, 사탕이 다 떨어졌어요.

3. put together : 조립하다, (모아) 만들다

ex We need to <u>put together</u> a team to run a new project.
우리는 새로운 프로젝트를 실행하기 위한 팀을 만들 필요가 있다.

:::: **핵심 어휘 학습** ::::

emperor	황제	ingredient	성분, 재료
likely	~일 것 같은	defeat	패배, 격퇴
flightless	날지 못하는	crop failure	흉작

① reasons why chemicals are harmful to <u>plants</u>

② ways that <u>plants</u> protect themselves from danger

③ difficulties in preventing <u>plants</u> from overgrowing

④ tips for keeping dangerous insects away from <u>plants</u>

⑤ importance of recognizing poisonous <u>plants</u> in the wild

▶ 비법 1) 선택지-핵심어 파악(식물)-plants

W: Good morning, students. Previously, we learned about various environments in which plants grow. Today, **we'll discuss how plants defend themselves from threat.** Even though plants cannot
비법 2) 소재 및 주제 파악(식물이 위협으로부터 자신을 방어하는 방법)
run away from danger, they know how to keep themselves safe. **First,** many plants, like **roses**, have **sharp thorns.** When animals
비법3) 나열(장미 소거)　　　　　비법 2) 소재 및 주제의 일관성
get too close, these thorns cut them, warning them to stay away. **Also,** plants can create substance that cause a bad taste. When insects attack, for example, **tomato plants release chemicals,**
비법 3) 나열(토마토 식물 소거)　　　비법 2) 소재 및 주제의 일관성
making their leaves taste bad. **Next,** Some plants **form partnerships with insects.** For instance,
비법 2) 소재 및 주제의 일관성
some **cherry trees** attract ants by making a sweet liquid. The
비법 3) 나열(벚나무 소거)
ants guard the tree from enemies to keep this food source safe. **Finally,** there are plants that **generate a poison** to protect
비법 2) 소재 및 주제의 일관성
themselves. For example, certain **walnut trees** see other nearby
비법 3) 나열, 예시(호두나무 소거)
trees as a danger, so they produce a poison to prevent the other trees from growing. Now, let's watch a video about these incredible plants.

해석
여: 안녕하세요, 학생 여러분. 이전에 우리는 식물이 자라는 다양한 환경에 관해 배웠습니다. 오늘 우리는 식물이 위협으로부터 어떻게 자신을 방어하는지에 관해 토론할 것입니다. 식물은 위험으로부터 도망칠 수는 없지만, 자신을 안전하게 지키는 방법은 알고 있습니다. 첫째, 장미와 같은 많은 식물에는 날카로운 가시가 있습니다. 동물이 너무 가까이 오면, 이 가시가 그 동물을 베어 가까이 오지 말라고 경고합니다. 또한, 식물은 불쾌한 맛이 나는 물질을 만들 수 있습니다. 예를 들어,곤충들이 공격할 때, 토마토 식물은 화학 물질을 방출하여 잎이 불쾌한 맛이 나게 합니다. 그 다음으로, 어떤 식물은 곤충과 동반자 관계를 형성합니다. 예를 들어, 어떤 벚나무는 달달한 액체를 만들어 개미를 유혹합니다. 개미는 이 식량원을 안전하게 지키기 위해 적으로부터 나무를 보호합니다. 마지막으로, 자신을 보호하기 위해 독을 생성하는 식물이 있습니다. 예를 들어, 특정 호두나무는 주변의 다른 나무를 위험으로 여겨서, 그 다른 나무가 자라는 것을 막기 위해 독을 만들어냅니다. 이제, 이 놀라운 식물들에 관한 비디오를 봅시다.

:::: 핵심 표현 학습 ::::

1. prevent(keep, stop) A from B(~ing) : A가 B하는 것을 막다

ⓔⓧ We must find a way to **prevent** icebergs in North Pole **from melting**.
우리는 북극에 있는 빙하들이 녹는 것을 막기 위한 방법을 찾아야 한다.

:::: 핵심 어휘 학습 ::::

defend	방어하다, 수비하다	threat	위협
thorn	가시	substance	물질
release	방출하다, 풀어주다	attract	끌다, 매혹하다
generate	발생시키다	poison	독

① positive effects of plants on **insects**

② benefits of **insects** to human beings

③ various methods of **insects** reproduction

④ relationship between diseases and **insects**

⑤ ways to prevent **insects** from damaging crops

▶ 비법 1) 선택지-핵심어 파악(곤충)-insects

M: Hello, students. Last class, we discussed the harm caused by insects. Today, **we're going to learn about the advantages that insects can bring us.** 비법 2) 소재 및 주제 파악(곤충이 우리에게 가져다 줄 수 있는 이점) **First, honeybees** play a crucial role in the reproductive process 비법 3) 나열(꿀벌 소거)

of plants **by helping them to produce seeds**. In the U.S., the 비법 2) 소재 및 주제의 일관성

honeybees' assistance in this process accounts for about $20 billion in crops per year, including fruits and vegetables. **Second**, insects like **grasshoppers** are **a major food source in** 비법 3) 나열(메뚜기 소거)　비법 2) 소재 및 주제의 일관성

the world because they're high in protein and low in cholesterol. In Mexico, for example, you can easily find fried grasshoppers sold in village markets. **Next, silkworms** are responsible for **producing most of the** 비법 3) 나열(누에 소거)　　　　비법 2) 소재 및 주제의 일관성

world's silk, which is recognized as a valuable product. In China, silkworms produce approximately 30,000 tons of raw silk annually. **Finally, fruit flies** have been **used** by many researchers in **genetic studies.** 비법 3) 나열(초파리 소거)　　비법 2) 소재 및 주제의 일관성

Fruit flies are practical test subjects for such studies due to their short lifespan. Now, let's watch some video clips to help you understand better.

해석

남: 안녕하세요, 학생 여러분. 지난 수업 시간에, 우리는 곤충에 의해 야기되는 해로움에 관해 토론했습니다. 오늘은 곤충이 우리에게 가져다줄 수 있는 이점에 대해 배워보려 합니다. 첫째, 꿀벌은 식물이 씨앗을 생산하는 데 도움을 줌으로써 식물의 생식 과정에서 결정적인 역할을 합니다. 미국에서는, 이 과정에서 꿀벌들의 도움이 과일과 채소를 포함하여, 농작물로 연간 약 200억 달러의 정도 됩니다. 둘째, 메뚜기와 같은 곤충들은 단백질이 풍부하고 콜레스테롤이 낮아서 세계의 주요식량원입니다. 예를 들어 멕시코에서, 여러분은 마을 시장에서 판매되는 튀긴 메뚜기를 쉽게 찾아볼 수 있습니다. 다음으로, 누에가 세계 견직물 생산의 대부분을 책임지고 있는데, 이 견직물은 귀중한 상품으로 인정받습니다. 중국에서는 누에가 매년 대략 3만 톤의 생사(生絲)를 생산합니다. 마지막으로, 초파리는 많은 연구원에 의해 유전학 연구에서 사용되었습니다. 초파리는 그들의 짧은 수명 때문에 그런 연구를 위한 유용한 실험 대상입니다. 이제, 여러분이 더 잘 이해하도록 도와줄 비디오 클립을 보겠습니다.

:::: **핵심 표현 학습** ::::

1. play a role in 명사 : ~에서 역할을 하다

ex Jake is **playing an** important **role in** their group for the project.
그 Jake는 그 프로젝트를 위한 그룹에서 중요한 역할을 한다.

2. account for : 차지하다, 설명하다

ex The land that would **account for** 20 percent of the nation's territory has been damaged.
그 국토 면적의 20%에 해당되는 땅이 피해를 입었다.

3. be responsible for (동)명사 : ~에 대한 책임을 지다

ex You should **be responsible for** the crime that you committed.
그 당신은 당신이 저지른 죄에 대한 책임을 져야 해요.

:::: **핵심 어휘 학습** ::::

cause	유발하다	reproductive	생식의
assistance	도움, 보조	grasshopper	메뚜기
protein	단백질	cholesterol	콜레스테롤
recognize	인정하다, 인지하다	approximately	대략
annually	연간	lifespan	수명

① reasons why **creativity** is essential to artists

② habits of famous artists to get **creative ideas**

③ jobs that are likely to disappear in the future

④ necessity of teaching how to appreciate artwork

⑤ relationship between job satisfaction and **creativity**

▶ 비법 1) 선택지-핵심어 파악(창의력)-creativity, creative ideas

M: Hello, students. Last class, we learned about famous artists in history. Today, I'll talk about **what a few famous artists regularly did to get inspiration for their creative work.**
비법 2) 소재 및 주제 파악(예술가들이 창의적 작업에 대한 영감을 얻기 위해 규칙적으로 했던 일)

First, let's take a look at a well-known **filmmaker**, Ingmar
비법 3) 단순나열(영화 제작자 소거)

Bergman. **He worked at exactly the same time and even ate the same lunch every day**. His daily habits were a driving force for his movies.
비법 2) 소재 및 주제의 일관성

Tchaikovsky, one of the greatest **composers**, always **went for a**
비법 3) 단순나열(작곡가 소거)   비법 2) 소재 및 주제의 일관성

long walk regardless of the weather. It was essential to his musical creativity.

A famous British **writer**, Agatha Christie, had her own unusual
비법 3) 단순나열(작가 소거)

habit, too. She **used to sit in a bathtub and eat apples,** which
　　　　　　　　　　비법 2) 소재 및 주제의 일관성

helped her to imagine the crimes she would put in her novels. Here's one more interesting habit. Salvador Dali, a famous **painter, used to nap while holding a key in his hand.** When he
비법 3) 단순나열(화가 소거) 비법 2) 소재 및 주제의 일관성

fell asleep, the key would slip from his fingers, waking up with the clink sound. He captured that moment dreaming and waking on his canvas.

So, what do you do regularly to come up with new ideas?

해석

남: 안녕하세요, 학생 여러분. 지난 시간에, 우리는 역사상 유명한 예술들에 대해 배웠습니다. 오늘 저는 몇 명의 유명한 예술가들이 자신들의 창의적인 작업에 대한 영감을 얻기 위해서 규칙적으로 했던 일에 대해 이야기하겠습니다. 먼저 유명한 영화 제작자인 Ingmar Bergman을 살펴봅시다. 그는 정확하게 같은 시간에 일을 했고 심지어 똑같은 점심을 먹었습니다. 그가 매일 행하는 습관이 그의 영화를 위한 추진력이었습니다. 가장 위대한 작곡가들 중 한 사람인 차이코프스키는 날씨에 상관없이 항상 긴 산책을 하러 나갔습니다. 그것은 그의 음악적 창의력에 필수적인 것이었습니다. 영국의 유명한 작가인 Agatha Christie 역시 그녀 자신의 특이한 습관이 있었습니다. 그녀는 욕조에 앉아 사과를 먹곤 했는데, 그것이 그녀가 자신의 소설에 넣은 범죄를 상상하는 데 도움을 주었습니다. 여기 또 하나의 재미있는 습관이 있습니다. 유명한 화가인 Salvador Dali는 손에 열쇠를 쥐고 낮잠을 자곤 했습니다. 그가 잠잘 때, 그 열쇠가 그의 손가락에서 벗어나 땡그랑 소리를 내며 그를 깨우곤 했습니다. 그는 비몽사몽 간의 그 순간을 화폭에 담았습니다. 자, 여러분은 새로운 아이디어를 떠올리기 위해서 규칙적으로 무슨 일을 하시나요?

:::: **핵심 표현 학습** ::::

1. regardless of (동)명사 : ~와 상관없이

ex The members of the team always try to experience everything that they need **regardless of** their circumstances.
그 팀의 팀원들은 상황과 관계없이 그들이 필요로 하는 모든 것을 경험해보려고 항상 노력한다.

2. go for a walk : 산책하다

ex Many people like to **go for a walk** after their meals.
많은 사람들은 식사 후에 산책하는 것을 좋아한다.

3. used to 동사원형 : ~하곤 했다(과거의 습관)

ex Tim **used to** have some dessert after lunch.
Tim은 점심식사 후에 약간의 디저트를 즐겨먹곤 했다.

:::: **핵심 어휘 학습** ::::

inspiration	영감	well-known	잘 알려진, 유명한
driving force	추진력	composer	작곡가
bathtub	욕조	nap	낮잠
slip	미끄러지다, 빠지다	come up with	떠올리다, 생각해내다

1. are loaded with | take | having problems | conducted

2. features | grab your attention | devices | ranging from

3. named after | running out of | flightless | crop failures

4. defend | release | generate | prevent the other trees from

5. play a crucial role in | assistance | responsible for | lifespan

6. went for | regardless of | used to | come up with

한 눈에 보는 정답표

1일차 실전연습문제

1	②	3	①	5	③
2	①	4	⑤	6	④

2일차 실전연습문제

1	②	3	①	5	③
2	①	4	④	6	②

3일차 실전연습문제

1	⑤	3	③	5	③
2	②	4	①	6	①

4일차 실전연습문제

1	④	3	③	5	⑤
2	⑤	4	④	6	⑤

5일차 실전연습문제

1	①	3	③	5	③
2	④	4	②	6	③

6일차 실전연습문제

1	②	3	④	5	②
2	①	4	④	6	②

7일차 실전연습문제

1	⑤	3	①	5	⑤
2	④	4	③	6	①

8일차 실전연습문제

1	⑤	3	②	5	④
2	⑤	4	④	6	④

9일차 실전연습문제

1	④	3	④	5	④
2	②	4	②	6	②

10일차 실전연습문제

1	②	5	⑤	9	④
2	②	6	⑤	10	④
3	①	7	①	11	①
4	③	8	①	12	②

11일차 실전연습문제

1	⑤	3	②	5	④
2	④	4	④	6	①

12일차 실전연습문제

1-1	①	3-1	③	5-1	②
1-2	③	3-2	⑤	5-2	⑤
2-1	①	4-1	②	6-1	②
2-2	②	4-2	③	6-2	⑤

MEMO

MEMO

MEMO